EN SU CRISÁLIDA

Transformada por Dios a Través del Coma de 32 Años de Mi Papá

ESCRITO POR

JUDY PÉREZ VELÁZQUEZ

Diseño de portada: Karissa Leiann Velazquez
Formato: Ki & C, www.kiandc.com
Fotografía de portada: Sal & Caitlyn Santillan, Santillan Productions.com

ISBN: 979-8-9872134-2-1

www.JudyPerezVelazquez.com

DEDICACIÓN

Mis Héroes Llevan Mis Genes

En Dedicación

A mi padre quien escuchó audiblemente la voz de Dios diciéndole:
"Los tiempos han cambiado, pero Yo sigo siendo el mismo."
Y luego, sin decir una palabra, nos presentó a todos el gran YO SOY.

En Agradecimiento

A mi madre, el viento bajo mis alas, cuyo "sí" a Jesús, a mi padre y a mí cambió literalmente la trayectoria de innumerables vidas para siempre, especialmente la mía. Soy quien soy porque nos amaste ferozmente y luchaste valientemente para asegurar que nuestro hogar estuviera anclado a Jesús. Tu historia es mucho más increíble y ejemplar que la mía - gracias por vivirla fielmente y por ser el modelo a seguir en mi propia vida. Te envío "besos de mariposa" a través de las páginas de este libro.

Enamorada

Con mi amado José. Cuando Dios buscó traer a alguien más allá de mi lista de sueños, sabía que nadie más podía superarte. Mi historia escrita se debe a que me animaste a escribirla, mientras la vivías a mi lado desde que éramos adolescentes. Siempre has creído en mí, me has visto más allá de todos mis defectos y me has amado incondicionalmente. Continuamente haces que todos mis sueños se hagan realidad. No hay absolutamente nadie más que amo como tú.

Encargado

A mis cuatro tesoros Caitlyn, Karissa, Joscelyn y Joseph. Sepan que los miro a cada uno de ustedes individualmente y estoy realmente asombrada de que Dios me dé el privilegio y el honor de ser su mamá. Recuerden que hay un legado de amor, fuerza y determinación en lo profundo de sus huesos de personas que han ido antes que ustedes para ser pioneros, enderezar el camino y sentar las bases para sus vidas. A pesar de nuestras deficiencias, nos hemos asegurado de que sus raíces sean profundas para que pueda llegar más alto de lo que cualquiera de nosotros lo hará. Cada uno de ustedes tiene su propia historia increíble para vivir y contar. Me encanta verlo desarrollarse.

En Apreciación
A mis muy queridos suegros Margarita y Hector Velazquez que desde jovencita no solo me aceptaron como parte de su familia sino que realmente me hicieron sentir como una hija de ellos. Me han animado, me han cubierto de oración y han creído en mí como hija, esposa, madre, ministra y ahora como autora. Mi valiosa herencia hispana se ha enriquecido debido a ustedes y mi mundo de amor ha crecido exponencialmente debido a su amor por mí y por el marido que ahora tengo. ¡Los amo!

Endeudada
A Jesús, el centro de todo.

Inspira mis palabras como inspirastes
a los autores de tu escritura

CONTENIDO

"Y a Aquel que es poderoso para hacer todas las cosas mucho más abundantemente de lo que pedimos o entendemos, según el poder que actúa en nosotros, a Él sea gloria en la iglesia en Cristo Jesus por todas las edades, por los siglos de los siglos. Amén." – Efesios 3:20-21

Prólogo 1

Dentro De Su Crisálida 3

Introducción 5

ETAPA DEL EMBRIÓN - *Los huevos son la primera etapa del ciclo vital de las mariposas. Cada embrión está lleno de líquido nutritivo que la oruga en desarrollo utiliza para su crecimiento.*

Capítulo 1 – Conozco Los Planes Que Tengo Para Ti 11

ETAPA DE LARVA - *La oruga es como una máquina de comer, sólo descansa para digerir su alimento.*

Capítulo 2 – Conoce Al Dios De Tu Padre 19

Capítulo 3 – Porque Mis Caminos No Son Los Tuyos 23

Capítulo 4 – Clama A Mí Y Te Responderé 27

Capítulo 5 – El Roí 33

Capítulo 6 – Por Él Clamamos, Abba Padre 39

Capítulo 7 – Me Consideró Fiel 45

Capítulo 8 – Alégrate Con La Esposa De Tu Juventud 53

ETAPA DE CRISÁLIDA - *La etapa de crisálida es cuando ocurre la milagrosa transformación de la mariposa.*

Capítulo 9 – Religión Pura Y Sin Mancha 61

Capítulo 10 – Dios Pone A Los Solitarios En Familias 69

Capítulo 11 – Sostenida 81

Capítulo 12 – Cuando Sea Levantado 89

ETAPA IMAGO - *En latín imago significa "imagen." La imago es la etapa final que alcanza una mariposa durante la metamorfosis, su proceso de crecimiento y desarrollo; también se llama etapa imaginal, la etapa en la que el insecto alcanza la madurez.*

Capítulo 13 – Deléitate En El Señor 109

Capítulo 14 – En Su Crisálida 115

Capítulo 15 – Emergiendo 129

Epílogo 139

PRÓLOGO

En mi carrera como autora durante más de 22 años, he conocido a algunas personas extraordinarias tanto en mis viajes como en mi ministerio de escribir; pero nunca he conocido a nadie tan única como Judy. Las experiencias de Judy y las cosas a las que ha sobrevivido la han convertido en una experta en navegar a través de las dificultades y los términos inesperados que trae la vida.

No sólo es capaz de enfrentarse a estas pruebas, sino que sobresale en ello con la hermosa gracia de Dios. Es un ejemplo para todos porque, aunque tiene su propio sufrimiento, nunca deja de preocuparse por los demás. Es una mujer extraordinaria, no porque sea perfecta, sino porque ha convertido sus imperfecciones, sus errores y su propio viaje personal en sus torres para crecer hasta convertirse en la increíble mujer que es hoy.

Judy es una inspiración para las mujeres de todo el mundo y es un honor para mí escribir el prólogo de su primer libro. Cualquiera que lea este libro no sólo será bendecido, sino transformado en su forma de ver a Dios y en su forma de ver la vida.

~ Sheri Rose Shepherd
Autora de Ocho Libros Superventas
Ministerios, Su Princesa

DENTRO DE SU CRISÁLIDA

Salgo de la crisálida una vez más
Durante todo el proceso, Dios ha sido mi amigo
Se ha llevado la incertidumbre y el miedo
Siempre a Su alcance, fielmente estuvo cerca

"Dame forma y moldéame," había dicho al principio
Así que dentro de la crisálida, fui conducida con amor
Envuelta con cuidado pero firmemente en Su poderoso abrazo
Para ser transformada en un reflejo de Su rostro

Algunas temporadas viví en silencio y otras en oscura soledad
Momentos de incomprensión y etapas de gratitud
Hubo momentos de sufrimiento y me retorcí en dolor
Pero siempre alentada por Aquel que fue sacrificado

Entrar en la crisálida diseñada sólo para mí
Es saber que saldré como Él me creó para ser
Otra pieza refinada, otro borde áspero suavizado
Más cerca de Su plan para mi vida, puedo moverme con confianza

Temo volver a entrar por lo que pueda costar
Temo más no encontrar mi lugar en Su voluntad para los perdidos
Así que vuelvo a la crisálida obedientemente
Jesús, sí, Él me ama, ¡En verdad esto es lo que sé!

~ Judy Perez Velazquez

INTRODUCCIÓN

Hay aproximadamente 20.000 especies de mariposas en el mundo. Cada una es única. Cada una tiene su propio proceso, su propio viaje–como nosotros. Todos somos diferentes, con un camino propio que sólo nosotros podemos recorrer.

Sin embargo, a diferencia de nosotros, las mariposas pasan por un proceso morfológico una sola vez y luego mueren. Empiezan como un diminuto embrión, se alimentan como una oruga, luego entran en la fase de pupa como una crisálida. Finalmente, emergen como una majestuosa *imago*, o las mariposas adultas que adornan los cielos ante nosotros. Todo en su vida es limitado: lo que son, lo que hacen y a dónde van. Su existencia es finita.

Pero para *nosotros*, el proceso de transformación es ilimitado y ocurre muchas veces a lo largo de nuestra vida. Al principio de nuestra relación con Él, el amor de Dios por nosotros nos atrae hacia Él como nuestro Salvador, Ayudante y Amigo. Nuestro propio ser anhela algo, *alguien*, más de lo que podemos hacer por nosotros mismos. Algunos reconocemos inmediatamente que sólo Dios satisface el alma. Para otros, es un viaje a través de muchos lugares equivocados que nos lleva a la silla de la misericordia de Dios donde llegamos a darnos cuenta que solo Dios puede ser el verdadero amor que hemos estado buscando. Hay una razón por la que el pedirle a Jesús entrar en nuestro corazón para ser salvo se llama "nacer de nuevo". Al igual que la metamorfosis de una oruga en la mariposa, los creyentes experimentan una hermosa transformación que cambia la vida.

Cuando adquirimos ese "primer amor", todo lo que hacemos es tener hambre de Dios, de Su palabra y de Su voluntad para nuestras vidas. Somos como una pequeña oruga que crece y come, aprendiendo todo lo que puede. Nos alimentamos de páginas y páginas de las Escrituras donde podemos *probar y ver que el Señor es bueno* (Salmo 34:8). Cada día es una nueva aventura, una nueva visión, una nueva oportunidad en nuestra nueva vida con el Señor. Queremos que todos sepan lo que Dios está haciendo para que puedan experimentar las mismas cosas que nosotros estamos disfrutando.

Pero en el camino, algo cambia.

No todo es tan "maravilloso" como parecía antes. No todos quieren unirse a la celebración. Algunas personas nos malinterpretan. Puede que nos sientamos limitados para realizar todas las cosas que queremos hacer por Dios. Hay momentos de oscuridad y tiempos de problemas, preocupaciones y temores. Momentos de confusión e incluso de arrepentimiento por habernos colocado en una situación en la que no podemos ni siquiera imaginar cuál podría ser el propósito de entrar en esa crisálida. Incluso podemos dejar de escuchar a Dios. Él puede parecer silencioso, tan lejano . . .

Pero si nos aferramos a Sus promesas en las Escrituras . . .

Si prevalecemos en nuestros tiempos de oración, tanto si oímos Su respuesta o no . . .

Si esperamos pacientemente en el Señor, sabiendo que Él escucha nuestro clamor . . .

Si recordamos que por encima de cualquier otra verdad en el mundo está el hecho de que Dios nos ama . . .

Emergeremos, dándonos cuenta de que todo el tiempo estábamos siendo refinados y definidos a más de Su semejanza, ¡Su imago!

2 Corintios 3:18 dice: *"De modo que todos los que hemos sido despojados de ese velo podemos ver y reflejar la gloria del Señor. Y el Señor—que es el Espíritu—nos*

hace cada vez más parecidos a Él a medida que somos transformados en Su gloriosa imagen." (Nueva Traducción Viviente).

Lo asombroso es que no termina ahí. Nunca llegamos al *"final"*, sino que pasamos por todo el proceso *una y otra vez . . .* lo que puede hacernos temblar de inquietud y emoción al mismo tiempo.

Así que, ésta es mi historia. Son destellos de mi viaje en las múltiples temporadas en las que me encontré en la crisálida de Dios, emergiendo transformada cada vez, muy consciente de que Dios ha estado conmigo a través de todo.

Aunque admito que la mayoría de los días todavía me veo a mí misma como una oruga verde, blanda y que se arrastra, Dios ha sido tan misericordioso conmigo, especialmente en las etapas de crisálida de la vida. Me ha permitido emerger como una creación más hermosa, agitar mis alas y volar.

¡Lo amo tanto!

Te animo a que veas a Dios por todo lo que Él es. Mi esperanza, mientras viajamos juntos, es que tú también veas que independientemente de lo que la vida te traiga, no hay absolutamente, inequívocamente, mejor lugar en donde estar que

¡EN SU CRISÁLIDA!

ETAPA DE EMBRIÓN

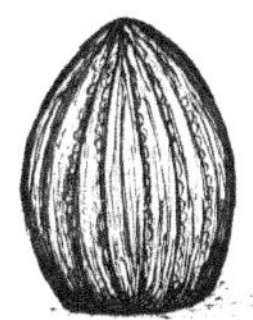

Los huevos son la primera etapa del ciclo vital de las mariposas. Cada huevo está lleno de líquido nutritivo que la oruga en desarrollo utiliza para su crecimiento. Algunas orugas esperan hasta la primavera para salir o *eclosionar*, mientras que otras lo hacen en sólo dos semanas. El huevo suele ponerse bajo una hoja para que los pájaros y los otros predadores no la encuentren. Se pega con fuerza para evitar que los depredadores se marchen con ella.

"Ser frágil no significa ser débil. Toda tu vida luchas por un objetivo y lo haces realidad sin importar lo lejos que esté el camino. La verdadera fuerza está en el interior, no en el exterior."

~ Joscelyn Analei

Capítulo Uno

CONOZCO LOS PLANES QUE TENGO PARA TI

"Porque Yo conozco los planes que tengo para ustedes —afirma el Señor—, planes de bienestar y no de calamidad, a fin de darles un futuro y una esperanza. Entonces ustedes Me invocarán, vendrán a suplicarme y Yo los escucharé. Me buscarán y Me encontrarán cuando Me busquen de todo corazón."
Jeremías 29:11-13 NVI

Una de las últimas cosas que hizo mi papá Pedro fue alucinar que me levantaba en el aire, sonreír como si me viera y pronunciar mi nombre: "Judy, Judy."

Yo tenía tres meses.

Hasta entonces, Papá había sido un líder de jóvenes en El Buen Pastor, Fullerton, California. Poco antes de enfermarse, Papá le había dicho a Mamá que había escuchado la voz del Señor. No era sólo en su corazón, sino una voz clara y audible que le había dicho: "Pedro, los tiempos han cambiado, pero Yo sigo siendo el mismo."

Papá sabía que el Señor lo llamaba a un nuevo ministerio. Le dijo a Mamá que renunciaría como líder de los jóvenes y se prepararía para hacer lo que el Señor le pidiera. Papá puso en orden todos sus documentos importantes y esperó a escuchar lo que el Señor le guiaría a hacer a continuación.

Nací el 30 de marzo de 1975. Poco después, Papá llegó a casa con un terrible dolor de cabeza y fiebre. Lo que los médicos pensaron inicialmente que era un caso grave de gripe se convirtió en una fiebre de 106° con alucinaciones. Fue llevado de inmediato al hospital a la sala de emergencia. Papá había sido infectado por una meningitis y encefalitis espinal, complicada por la tuberculosis. En 1975, no era tan fácil de diagnosticar como ahora.

Los médicos drenaron el líquido que se acumulaba en el cerebro de Papá, que se hinchaba rápidamente, haciendo ellos un agujero en su cabeza y colocando una derivación. Había dejado de respirar, lo que llevó a una traqueotomía de emergencia. Cada mes pasaba con una complicación tras otra. Antes de que Mamá se diera cuenta, había pasado un año y mi padre, de 25 años, había sufrido tanto daño cerebral resultando tetrapléjico, sin poder mover los brazos o sus piernas, ciego y sin volver a hablar jamás. Estaba conectado a un respirador artificial, alimentado por una sonda gástrica en el estómago, y se decía que estaba en estado vegetativo.

Cuando Mamá cumplió 24 años, había pasado un año entero al lado de Papá, viniendo a casa sólo para darme de comer y descansar un poco antes de volver al hospital. Durante sus visitas al hospital, firmó un sinfín de formularios y aceptó tantos procedimientos diferentes que había perdido la cuenta. Finalmente, Mamá se enfrentó a una última decisión: retirar o no a Papá del soporte vital.

El médico le dijo que era tiempo de "dejarlo ir." Si vivía, le sugirió a Mamá que ingresara a Papá en una residencia de ancianos y "siguiera" con su vida. Al fin y al cabo, todavía era joven, lo suficientemente atractiva como para volver a empezar su vida con facilidad, y tenía que pensar en su pequeña niña, que de todos modos nunca conocería realmente a su papá.

Mamá tenía mucha responsabilidad en la decisión que tenía que tomar. Aunque nadie lo vio, Mamá sabía que nunca había estado sola en ese hospital; el Señor los tenía a ella y a Papá en la palma de Su mano, manteniéndolos a salvo, dándole a Mamá sabiduría en cada decisión y sosteniendo la vida de Papá. Mamá acudía al Señor en busca de orientación. Papá era su mejor amigo, el único hombre que había conocido, el padre de su hija y el amor de su vida.

Cuando mi madre, Rita López, era una adolescente, se sintió muy emocionada cuando el coro del colegio bíblico cercano, lleno de jóvenes guapos y solteros, cantaba en su iglesia. Ella levantó la vista y lo vio. Efectivamente, era alto, moreno y guapo. Con una ilusión de fantasía adolescente, Mamá lo señaló y le susurró a su amiga: "Me voy a casar con *él.*"

Dos años después, se encontró en ese mismo instituto bíblico: El Instituto Bíblico Latinoamericano (LABI) en La Puente, California, que se dedicaba a capacitar a hombres y mujeres para servir como pastores, misioneros, evangelistas y ministros laicos. Mamá hizo muchos amigos para toda la vida en el Colegio LABI. Uno, en particular, era un puertorriqueño alto llamado Peter Pérez. Tocaba el bajo en el coro del colegio y estaba en un grupo llamado "The Royal Singers". Mamá, que tocaba el piano desde los trece años, tocaba el piano en la iglesia y se convirtió fácilmente en la pianista de su coro en la escuela también. Empezaron a salir juntos. Sólo más tarde el Señor abrió los ojos de Mamá al recuerdo de cuando había reclamado a Papá en su corazón un par de años antes. Papá se graduó en mayo de 1972, Mamá se graduó en mayo de 1973, y al mes siguiente, en junio, mis padres se casaron.

Ella nunca podría haber imaginado que sólo tres años después tendría que decidir si retirar a su marido del soporte vital. Mamá le dijo al Señor que si Él decidía llevar a Papá al cielo, ella se sometería a Su voluntad. Pero, si el Señor consideraba oportuno dejar a Papá con vida, ella le prometió al Señor - al igual que le había prometido a su marido - que ella misma cuidaría de él durante el resto de sus vidas.

Cuando los médicos le quitaron todas las máquinas que "sostenían" su vida, Papá empezó a respirar por sí mismo! Sólo Dios sostuvo la vida de Papá y lo haría por muchos, muchos años más.

Por su cuenta y con la guía del Espíritu Santo, Mamá aprendió a cuidar de Papá. Sus días consistían en bañarlo, cambiarle los vendajes de la traqueotomía y la sonda de gastrostomía, alimentarlo a través de la sonda y darle los medicamentos. Mamá aprendió a "leer el rostro" a Papá tan bien en los 32 años que lo cuidó en casa que podía predecir un ataque inminente, la enfermedad que iba a padecer, si tenía hambre o necesitaba que lo cambiaran de posición en la cama, o si le dolía la cabeza. Todo lo que tenía que ver con Papá, ella lo sabía exacto.

Queriendo mantener la vida lo más "normal" posible para nuestra familia, celebrabamos los cumpleaños de Papá con mis primos todos los años. Mamá se aseguraba de que Papá tuviera siempre los últimos peinados. Nunca supimos cuánto comprendía del mundo que le rodeaba, ni que si los años pasaban para él.

Mamá extendía la mano de Papá y la ponía suavemente sobre la mía, como si me tomara de la mano.

"Mira, Peter, esta es la mano de tu hija Judy. ¿Puedes sentir su mano?"

Pero era ella, y no él, la que me tendía la mano. No podía doblar sus dedos para sostenerme. Mientras miraba su mano sobre la mía, mi corazón intentaba fingir que realmente me estaba cogiendo de la mano como hacían todos los demás papás cuando paseaban con sus hijos. Pero mi mente sabía que no era lo mismo.

En raras y preciosas ocasiones a lo largo de los 32 años, Mamá me llamaba emocionada para que fuera rápidamente a la habitación de Papá. De pie junto a él, le pedía: "Pedro, si nos quieres, cierra bien los ojos." ¡Y lo hacía!

Algunos días, Papá parecía más "consciente" que otros. Tal vez pequeñas sinapsis en su cerebro se activaban en el momento justo y, de repente, ¡Mamá sabía que Papá estaba despierto! Ella percibía que Papá era muy consciente de lo que ocurría y podía responder moviendo la cabeza, cerrando los ojos o frunciendo los labios para darle un beso a Mamá. La oíamos gritar de gozo y todos en la casa entraban corriendo para verlo.

En esos pocos minutos que el Señor nos concedía "tiempo real" con Papá, tratábamos de ponerle al día de cómo estábamos para que supiera que estábamos bien. Le poníamos al día sobre la edad que tenía yo y el grado que cursaba y – sobre todo – lo mucho que le queríamos y le cuidábamos.

"Papá, ya tengo siete años. Si me quieres aprieta bien los ojos," y lo hacía.

"Papá, ahora voy a ir a la secundaria. Si me quieres aprieta bien los ojos," y lo hacía.

Luego, con la misma rapidez y sin previo aviso con que había entrado en nuestro mundo, se deslizaba de nuevo a un mundo que no conocíamos ni podíamos visitar.

"No temas, porque no serás avergonzada. No te turbes, porque no serás humillada. Olvidarás la vergüenza de tu juventud y no recordarás más la deshonra de tu viudez. Porque el que te hizo es tu esposo; Su nombre es el Señor de los Ejércitos. Tu Redentor es el Santo de Israel; ¡Dios de toda la tierra es Su nombre!"
(Isaías 54:4-5 NVI)

Fiel a Su palabra, el Señor honró a Mamá, dándole gracia y favor con muchos que entraron en contacto con ella. A veces, Dios la mimaba. Mamá tenía casa y coche que Dios le había dado. Uno puede imaginar la condición financiera en la que vivíamos, y sin embargo un ministro amigo nuestro dijo una vez: "Rita siempre luce como un millón de dólares."

Uno de mis recuerdos favoritos de la infancia del favor de Dios sobre Mamá es cuando ella le dijo al Señor: "Caramba, Señor, antes de que se enfermara, Pedro siempre me regalaba flores. Ahora ya no recibo flores."

Ese mes, llegaron a nuestra casa ramos de flores de todas partes. Docenas de flores llenaron todas las habitaciones de nuestra casa. Estos ramos perfumaban nuestra casa no sólo con su hermoso aroma, sino con el olor de la presencia de Dios. Era un recordatorio físico de Mateo 6:28 donde dice: "Si Él cuida de los lirios del campo, ¿cuánto más cuida de nosotros?"

En aquellos primeros años no podíamos imaginar cómo serían los planes de Dios para nuestras vidas, pero sabíamos que consistiría en aferrarse a Su Palabra y a Sus Promesas de que, independientemente de lo que nos ocurriera, Sus planes no iban a perjudicarnos. Sus planes consistirían en un futuro en el que podíamos esperar y creer que cuando clamamos a Dios, Él nos escucharía. Nuestras vidas consistirían en crecer buscando a Dios con todo nuestro corazón -incluso durante los días oscuros que se avecinaban- sabiendo que Él siempre sería encontrado.

ETAPA DE LARVA

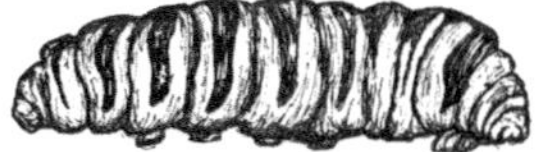

La mariposa hembra cubre sus huevos con una capa nutritiva mientras los pone. Algunas orugas se comen la cubierta de sus huevos. Una vez que salen del huevo, las orugas son como una máquina de comer, que sólo descansa para digerir su alimento. Compiten con otras orugas en la planta, así como con ejércitos de hormigas, pájaros y avispas parásitas que las buscan.

Las orugas no tienen esqueleto. Para poder crecer, mudan la piel cuatro o cinco veces en su vida. Una oruga recién salida del cascarón crece 1.000 veces su propio peso en sólo tres semanas. Las mariposas pasan la mayor parte de su vida como orugas. ¡Si una mariposa fuera una persona, seguiría siendo una oruga a los 60 años!

"No menosprecies tus estaciones porque el cielo del futuro se ve mejor que la tierra de hoy. Aprendemos a apreciar las flores y las nubes, como una mariposa, una vez que hemos estado en las hojas y en la tierra como una oruga."

~ Karissa Leiann

Capítulo Dos

CONOCE AL DIOS DE TU PADRE

"Y tú, Salomón, hijo mío, reconoce al Dios de tu padre y sírvele de todo corazón y con buena disposición, pues el Señor escudriña todo corazón y discierne todo pensamiento. Si lo buscas, te permitirá que lo encuentres."
1 Crónicas 28:9 NVI

Cada mañana me despertaba a las 5:00 a.m. con el sonido del rodillo de Nana arrastrándose rítmicamente por la tabla de cortar para hacer tortillas frescas. Todas las mañanas.

Cuando Papá volvió a casa del hospital, Mamá intentó alquilar un apartamento, cuidar de Papá y criarme ella sola. Como es lógico, la carga resultó demasiado difícil, así que los tres nos mudamos con Tata y Nana, Basilio y Rosario López, a su casa de Fullerton. Nana llenaba la casa cada mañana con el aroma de tortillas de harina caseras, frijoles refritos, tocino y papas.

Tata fue mi principal figura paterna. Me proporcionó la estabilidad y la fuerza que necesitaba tener en mi vida. Habiendo perdido a su propio padre a una edad temprana, me enseñó a montar en bicicleta, a escupir de la forma correcta y, en el verano, me llevaba a nadar al centro comunitario todos los días. Me llevaba fielmente a la escuela, me llevaba de aventuras por toda la comunidad, me enseñaba a encontrar una buena ganga, y me enseñaba de las muchas cosas sabias que él mismo se había enseñado.

Vivíamos exactamente a dos cuadras de la misma iglesia en la que Mamá había visto por primera vez a Papá y en la que había sido líder juvenil. Los domingos, Nana y yo nos levantábamos temprano, nos vestíamos con nuestras mejores galas y caminábamos hacia la iglesia a las 8:30 a.m. Ella saludaba a todos los que veía en el camino y los invitaba a la iglesia. Casi siempre se negaban -algunos incluso se escondían- pero ella siempre prometía tenerlos en sus oraciones.

Nana era diaconisa en nuestra iglesia, y era de las primeras en llegar antes de que empezara el servicio para arrodillarse en su banco y orar. Siempre nos sentábamos en la última fila del lado derecho de la iglesia, donde podía dar la bienvenida a todos los miembros, orar durante el servicio y vigilar a todos los niños, especialmente a los que masticaban chicle.

Tata solía quedarse en casa los domingos y ver a los televangelistas hasta que un día le comenté que sería mejor que viniera en persona con Nana y conmigo. El domingo siguiente empezamos a ir a la iglesia en el coche de Tata.

De niña, a veces me avergonzaba que Nana se levantara tranquilamente de su asiento, se acercara a los adolescentes y les dijera que dejaran de hablar durante la predicación, o que Tata diera su opinión sobre cómo debían funcionar las cosas en la iglesia, solicitada o no. Pero mi abuela era la primera en llevar a esos mismos adolescentes al altar, preguntarles si querían aceptar a Jesucristo como su Señor y Salvador personal, y guiarlos en la Oración del Pecador mientras grandes lágrimas rodaban por sus mejillas. Ellos la abrazaban y le daban las gracias por preocuparse por ellos. Y la mayoría de las veces, ¡Tata tenía razón en las cosas que sugería!

Mamá siempre asistía al servicio dominical de las 11 de la mañana. Pasaba las mañanas preparándome para ir con mi abuela, luego preparando a Papá para el día, y finalmente vistiéndose ella misma para la iglesia. La rutina de Papá consistía en bañarle y afeitarle, cepillarle los dientes, alimentarle a través de la sonda gástrica que tenía en el estómago, cambiar los apósitos que rodeaban el agujero de su abdomen y echarle colonia de hombres. Hasta que tuve la edad suficiente para vestirme sola, era como si Mamá se encargara de arreglarnos, y tanto Papá como yo siempre lucíamos perfectos.

Al llegar a la iglesia, Mamá ocupaba su lugar en el piano, donde se quedaba hasta que comenzaba el sermón. Era muy buena tocando algo cuando uno de los miembros se alargaba durante el tiempo de los testimonios como una señal para terminar. Me encantaba cuando Mamá me hacía una señal para que me uniera a ella en el altar. Me subía al banco junto a ella y me decía qué teclas del piano debía tocar para complementar los acordes que ella tocaba durante el canto congregacional. Era casi como tocar a dúo!

Como verdadera hija de Nana, Mamá me vigilaba de cerca durante el servicio, y si estaba hablando o riendo con mis amigas, levantaba la vista hacia ella para comprobar si me había visto. Sin dejar de mirar las partituras, Mamá ponía una agradable sonrisa en su rostro, asentía con la cabeza para indicar que me había visto y hacía un rápido gesto con su mano derecha para hacerme saber que iba a recibir unos azotes si no me comportaba. No estoy segura de que alguien lo haya notado más que yo, y vaya, que me daban escalofríos! Aprendí a una edad temprana a ser reverente en la casa del Señor.

Los miembros de la iglesia que conocieron a Papá antes de que enfermara me contaban historias sobre cómo era.

"¡Tu padre era tan buen predicador!"

"Recuerdo que tu padre tocaba el bajo y el piano."

"Tu padre sí que amaba a Jesús."

"Recuerdo cuando tu padre . . . "

Disfruté y acogí con agrado todas las historias que pude escuchar, y soñaba con la forma en que colocaría todas esas piezas desconocidas en un padre conocido que en algún momento había existido fuera de la cama del hospital donde actualmente se encontraba. Una corriente subyacente de las muchas facetas de Papá seguía siendo consistente en cada historia: ¡Papá amaba a Dios!

Toda mi familia amaba a Dios y cada persona me reveló una característica de Dios que me enseñó a amarlo a su nivel. Vi a mis padres y abuelos servir a Dios de todo corazón con una devoción inquebrantable a pesar de lo que todos estábamos pasando. Escuché cómo buscaban la sabiduría del Señor sobre cómo proceder a lo largo de sus vidas cotidianas teniendo en cuenta que caminaban de acuerdo con la palabra de Dios. Aprendí a equilibrar los impulsos del corazón guiados por el espíritu con la comprensión lógica del conocimiento dada por Dios. Vi a mi familia permanecer firme en el Señor. A medida que estos cuatro modelos que Dios había puesto en mi hogar viajaban con Él, yo aprendí y seguí sus ejemplos.

Llegué a conocer al Dios de Papá y mi madre, mi abuelo y mi abuela. Sus motivos para criarme en un hogar piadoso guiaron sus acciones, y su amor por Dios me hizo buscar ese mismo amor para mí.

Capítulo Tres

PORQUE MIS CAMINOS NO SON LOS TUYOS

"Porque mis pensamientos no son los de ustedes ni sus caminos son los míos, afirma el Señor. Mis caminos y mis pensamientos son más altos que los de ustedes; ¡más altos que los cielos sobre la tierra!"
Isaías 55:8-9 NVI

Cuando tenía unos siete años, llevamos a Papá a un gran servicio de sanación como los que se oyen en los días de los grandes avivamientos. Era tarde y Mamá nunca había sacado a Papá de casa, excepto para ir al hospital. Alguien de la iglesia la había convencido de que lo llevara allí para recibir la sanidad.

Yo quería ir, pero debía quedarme en casa con Nana y Tata. Me quedé callada mientras veía a Mamá prepararse para salir con Papá. Normalmente no pedía nada porque de alguna manera sabía que no debía ser una carga. También tenía miedo de que me rechazaran diciéndome que no.

Pero *esto* era importante.

Quería ir . . . mi corazón ardía tanto porque *necesitaba* ir.

¿Y si sanaba? ¡No estaré allí! Y así, me armé de valor para pedirlo.

Mamá se sorprendió al ver la súplica en mis ojos y lo decidida que estaba. Estoy segura de que pudo ver que una parte de mí moriría si se iba sin mí.

Dijo que sí!

Mamá y Nana me prepararon rápidamente, poniéndome uno de los vestidos que siempre llevaba a la iglesia. Me hicieron dos coletas en forma de rizos a lo Shirley Temple, cada una con un lazo de algodón rosita. Me puse una chamarrita blanca y calcetines blancos hasta la rodilla con sandalias blancas.

Era de noche y varias personas entraron en nuestra casa para cargar con cuidado a Papá en la parte trasera del coche van. Me senté a su lado mientras las luces de la calle pasaban a toda velocidad. Papá movía la cabeza de un lado a otro, gimiendo ante lo desconocido.

No podía comunicarse verbalmente y nunca supimos cuánto entendía, pero gemía y movía su cabeza cuando necesitaba algo o estaba inquieto. A veces parecía que lo hacía sin motivo. Tal vez era para saber que aún podía hacerlo.

Santo!, me avergonzaba cuando venían amigos y él hacía eso. Me preguntaban si podían "ver" a Papá, o les veía pasar lentamente por delante de su habitación para poder echarle un vistazo. Él no era algo para "ver". Sólo era mi papá y todo lo que sabía en ese momento era que había contraído una enfermedad muy grave y que ahora su cerebro estaba dañado de alguna manera. Me imagino que sonaba aterrador para alguien que no supiera lo que era ese ruido de gemidos, especialmente en medio de la noche. Apenas venían amigos a casa porque, aunque era algo normal para nosotros, no sabía lo que pensarían. No quería tener que responder a preguntas indiscretas de las que ni siquiera yo estaba segura de las respuestas.

Papá gemía especialmente cuando tenía hambre. Le dábamos de comer cada cuatro horas a través de la sonda que tenía en el estómago. Dos latas de Ensure y dos de agua. Cada cuatro horas. Ese horario regía nuestras vidas. Lo hacíamos todo en incrementos de cuatro horas. Íbamos a la iglesia y volvíamos en cuatro horas. Íbamos a la tienda y volvíamos en cuatro horas.

A veces, cuando el Ensure se derramaba accidentalmente del tubo y caía sobre el estómago de Papá, su piel se ponía en carne viva y teníamos que limpiarla con las vendas de 4x4 y aplicar algún tipo de pomada medicada. Yo era pequeña y me enseñaron a alimentar a Papá a través de una sonda en su estómago. No era mi trabajo todo el tiempo, pero lo hacía cuando tenía que ayudar.

La noche del gran servicio de curación, miré las cobijas que cubrían a Papá y supe que teníamos cuatro horas antes de necesitar ser alimentado. Recuerdo que pensé en lo extraño que sería que los demás vieran a Mamá alimentar a Papá con las latas extra de Ensure que cargaba en su bolsa.

Arrodillada junto a Papá, que se quejaba, en la parte trasera de la van, le puse la mano en el brazo para intentar consolarlo. Finalmente, llegamos. Hubo un revuelo de gente y luces en la oscuridad mientras bajábamos del van y lo llevábamos a la iglesia llamada Angeles Temple en Los Ángeles, California.

Alguien se fijó en mí y me tomó de la mano; no recuerdo quién, pero no era Mamá. Entramos y colocamos a Papá en un catre o algo así. Mamá le cepilló el pelo, le puso vaselina en los labios y le puso un poco de colorete en la cara para que no estuviera tan pálido. Quería que todos los que ayudaban a cargar a Papá de seis pies vieran que olía rico, así que en casa le había dado un buen baño y le había puesto colonia de hombres.

Nos quedamos en la iglesia esperando. Rosie, la mejor amiga de Mamá, a la que le encantaba leer y que me había enseñado a leer en silencio "en mi cabeza", llevaba su cámara. Me dijo que me pusiera al lado de Papá para poder tomar una foto. Puede que lo hiciera para entretenerme o puede que lo hiciera por lo que estaba pasando. No lo sé, pero lo que sí sé es que tomó una foto que sería para siempre el emblema de mi fe, la fuente de mi dolor y el símbolo de la esperanza a lo largo de mi vida hasta el día de hoy.

Me puse al lado de Papá con un calcetín hasta la rodilla un poco más alto que el otro, y sonreí lo mejor que pude. En mi pequeño corazón, sabía que tenía que ser fuerte. Quería que Papá viera en la foto que yo tenía la fe que lo ayudó a sanar en esa noche. Cuando Papá se levantara de la cama, quería que viera que yo había sido valiente. Así que sonreí mi mejor sonrisa! No movió su cabeza, como si supiera que debía quedarse quieto para la foto.

Pasó mucho tiempo. Alguien me tomó de la mano y fuimos a sentarnos con el resto de la gente en el auditorio mientras Mamá esperaba al lado del escenario con los demás que la ayudarían a cargar a Papá al altar para la oración. Esperé y esperé y dibujé en el papel del bolsillo del asiento de enfrente. Me dieron un chicle para masticar y esperé. No pudo ser mucho tiempo; pero tal vez sí. En cualquier caso, me pareció una eternidad.

De repente, oí que alguien decía: "¡Ahí va tu papá!"

Me levanté y moví el cuello para verle, pero no pude. Oí que la gente jadeaba y miré para poder ver. ¡Se estaba curando y yo no podía ver!

Luego oí murmullos y tonos de queja, todo en voz baja para que no lo oyera. Un largo rato más de espera.

Entonces Mamá se acercó a nosotros.

"Vamonos." dijo.

"¿Pero qué ha pasado? ¿Qué pasa? ¿Qué te han dicho?" Todas estas preguntas en mi propia mente se las hacían también los adultos a mi alrededor.

Sólo silencio.

Volvimos al van y vi a Papá sacudir la cabeza un poco más. De lado a lado, de lado a lado.

¿Comió?

¿Por qué no le sanó Dios?

Me dormí en el viaje de vuelta a casa con susurros a mi alrededor, explicaciones que nunca escucharé. Media dormida, sentí cuando me llevaron dentro de la casa, me vistieron con el pijama y me pusieron a dormir en la cama con un beso en la frente.

Capítulo Cuatro

CLAMA A MÍ Y TE RESPONDERÉ

*"Clama a mí y te responderé; te daré a conocer cosas
grandes e inaccesibles que tú no sabes."*
Jeremías 33:3 NVI

Desde una edad muy joven supe cuál era mi misión en la vida. Tenía que conseguir que Papá se curara y entonces todo sería como debería de ser en mi vida.. Durante toda mi infancia, escuché las historias de Jesús sanando al ciego y al leproso. Jesús incluso resucitó a Lázaro de entre los muertos. Jesús era mi Jesús también, y si pudo hacer eso por ellos, podía hacerlo por mí.

Le pedí a Jesús que entrara en mi corazón después de que un orador invitado predicara sobre el rapto. Íbamos a una iglesia muy pentecostal donde el llamado al altar significaba que todos subían a orar sin importar su condición o necesidad. Los niños oraban un rato y luego volvían a sus asientos para hablar o dibujar en papeles mientras los adultos alababan a Jesús y se llenaban del Espíritu Santo.

Pero esa noche, después de escuchar sobre la segunda venida de Jesucristo, Mamá me encontró llorando y me preguntó qué me pasaba.

Le dije que tenía miedo. "No quiero ir al infierno; quiero ir al cielo."

Mamá oró conmigo la Oración del Pecador y yo le pedí a Jesús que entrara en mi corazón. Tenía solo cinco años.

Mamá me envió a mi primer campamento de Missionettes en Idyllwild, California, cuando tenía nueve años. Missionettes, ahora llamado Girls Ministries, es un programa cristiano que se parece mucho a las Girl Scouts en cuanto a servicio comunitario e insignias de mérito, pero también incluye la lectura y memorización de las Escrituras. Fue emocionante estar lejos con todas las demás niñas, alojadas en una cabaña, durmiendo en una litera, y caminando a los baños para tomar duchas frías. Esa primera noche cambió mi vida para siempre.

La Reverenda Delia Mora era la Directora de Ministerios de Mujeres del Distrito Latinoamericano del Pacífico de las Asambleas de Dios y también supervisaba las Missionettes. En la primera noche nos dijo a todas las jóvenes que Jesús quería tocar nuestros corazones y que el Espíritu Santo nos llenaría con el don de hablar en lenguas. Niñas por doquier - algunas de mi edad, otras mayores o menores- alababan a Dios, cantaban, levantaban las manos e incluso hablaban en lenguas al igual que los adultos de nuestra iglesia! Lo que vi me hizo comprender que Jesús era para todos, ¡no importaba la edad que tuviéramos! Él quería tocar nuestras vidas. Supe sin ninguna duda que estaba en la presencia de Dios con todas las otras niñas. Empecé a llorar al ver lo real que era el amor de Dios en mi corazón.

En pocos días, me encontré levantando los brazos, alabando a Dios y hablando en lenguas. Sentí el amor y el poder de Dios, y supe con más fuerza que antes que si Él quería, podía sanar a Papá. Sentada en silencio en mi litera, agradecí a Dios por amarme y le pedí que por favor sanara a Papá. Oré para que cuando llegara a casa, Papá estuviera allí esperándome, completamente sano.

El resto de esa semana estuvo lleno de días de natación, manualidades, deportes, devociones y noches de adoración donde alabamos a Jesús y lo experimentamos al máximo.

En camino a casa, me entusiasmaba cada vez más el hecho de que Dios había sanado a Papá tal como se lo había pedido. Cuando llegamos a la iglesia, corrí hacia Mamá y le di un gran abrazo. Busqué a Papá, pero no estaba allí. Deben querer sorprenderme cuando llegue a casa, pensé.

Me imaginé a Papá con un traje cafe, sentado en una silla en su habitación con las piernas cruzadas y una Biblia en el regazo. No sé de dónde saqué la conclusión de que debía tener ese aspecto, pero en mi mente de nueve años, eso era lo que imaginaba.

Corrí al interior de la casa hacia su habitación, pero no estaba en su silla. Seguía en su cama de hospital. Nada había cambiado lo más mínimo en él.

Decepcionada, me dirigí a mi habitación y me senté en la cama. Le pregunté a Dios *por qué* no había sanado a Papá. No me lo dijo.

Decidí crear un plan para ganarme el favor de Dios para que sanara a Papá. Yo ya era una niña bastante obediente y no tenía hermanos o hermanas con quienes pelear, así que tuve que pensar qué pecado estaba impidiendo que Dios sanara a Papá. Todo lo que pude pensar fue que no siempre obedecía a Mamá como debía, y ocasionalmente (muy a menudo) decía "mentiritas blancas". Le prometí a Dios que sería obediente y nunca más mentiría por el resto de mi vida para que Él sanará a Papá.

Bueno, ser obediente sólo duró unas semanas y mentir fue un problema constante, así que le prometí a Dios que obedecería y no mentiría durante cinco años. No estoy segura de cuánto duré esa vez, pero me encontré cambiando mi promesa de cinco años, a un año, a diez meses, hasta que finalmente vi que no había manera de que pudiera estar sin pecado -mucho menos ser capaz de pecar menos- por cualquier cantidad de tiempo que ameritara que Dios sanara a Papá. Decidí que leería mi Biblia, oraria, y sería lo mejor que pudiera para que Dios viera mis esfuerzos y finalmente decidiera. Una vez incluso le dije a Dios que cambiaría de lugar con Papá, pidiéndole que me dejara ser la enferma y que dejara que Papá volviera a estar bien.

A lo largo de mi vida, siempre tuve tres preguntas para Dios. Constantemente le preguntaba a Dios:

"¿Por qué dejaste que Papá se enfermara?" Seguramente había gente peor que merecía enfermarse como los criminales, los pecadores y la gente mala.

La segunda era: "¿Cuándo sanarás a Papá?" No era una pregunta de "si o no" sino de "*cuándo*" porque yo sabía que Él lo haría.

Mi última pregunta se estableció más tarde en mi adolescencia, "¿Podrías por favor dejar que Papá me hable audiblemente antes de que muera?"

Esas preguntas permanecieron en mi corazón y esperé pacientemente a que Él respondiera.

Mientras cantaba en el coro de la iglesia a mis 20 años, el pastor se detuvo y pidió a los que necesitaban sanidad que pusieran su mano sobre el área en particular mientras él oraba.

En mi espíritu, escuché que el Espíritu Santo me decía: "Pon tu mano en tu corazón." Confusa, obedecí. Un pequeño agujero en mi corazón fue revelado que necesitaba ser llenado para que yo estuviera completa. Cuando alcancé a poner la mano en mi corazón, sentí la presencia de Dios sobre mí con tanta fuerza que tuve que bajar de la plataforma para ir a orar a un rincón del altar.

Mientras me arrodillaba allí sollozando, el Señor me dijo: "*Pregúntame.*" Inicialmente no sabía lo que me estaba diciendo pero entonces me di cuenta de lo que me estaba diciendo que le pidiera. Nunca había obtenido una respuesta en toda mi vida, y ahora me dolía demasiado pensar en preguntarle de nuevo sólo para descubrir que no me iba a dar una respuesta.

"*Pregúntame.*"

"No Señor, no quiero preguntarte. No necesito saber. Confío en Ti y eso es lo único que importa."

"*Pregúntame.*"

"No, por favor, no me hagas preguntarte. Cada vez que Te he preguntado, Tú nunca has respondido. De niña me dolió el corazón cuando Te negaste a sanar a Papá y más aún que no me explicaras por qué. Como adulta que he visto Tu fidelidad durante todos estos años, no necesito saberlo. Estoy bien".

Entonces, un sentimiento de seguridad me invadió mientras Él susurraba de nuevo a mi corazón:

"Pregúntame."

Sabía que esta vez iba a obtener una respuesta.

"¿Por qué Señor, por qué dejaste que Papá enfermara? ¿Por qué *él*? ¿Por qué no otra persona?"

Y la respuesta vino en sólo cuatro palabras y nada más.

"Porque él estaba dispuesto."

¡Qué impacto! Una respuesta tan sencilla.

Hasta cierto punto ya lo sabía, pero de alguna manera no lo *sabía*. Era como si hubiera estado viendo algo a través de un cristal sucio y ahora lo entendía completamente. Dios permitió que Papá tuviera meningitis espinal simplemente porque Papá había pedido que Dios lo usara al máximo. No importaba lo que fuera, Papá estaba dispuesto. De ninguna manera estoy diciendo que Dios le dio a Papá la meningitis espinal, más bien que Dios en Su soberanía y omnisciencia conocía el panorama mayor de todo. En lugar de sanar a Papá, Él utilizó nuestras vidas a través de la enfermedad como un medio para alcanzar a otros.

Qué honor saber que Papá amaba tanto a Dios y al pueblo de Dios que estaba dispuesto a ser usado por Dios de cualquier manera, forma o modo. Ya sea desde el púlpito predicando en voz alta, o en una cama de hospital como testigo silencioso durante 32 años, Papá estaba dispuesto.

Fue una gran revelación, y mi corazón se hinchó con el honor de ser parte de un plan de Dios tan estratégico y con propósito. Y entonces me cuestioné a mí mismo. ¿Estaba *yo* dispuesto a hacer todo lo que Dios me pidiera?

"Porque somos hechura de Dios, creados en Cristo Jesús para buenas obras, las cuales Dios dispuso de antemano a fin de que las pongamos en práctica."
(Efesios 2:10 NVI)

Capítulo Cinco

EL ROÍ

"Como el Señor le había hablado, Agar le puso por nombre «El Dios que me ve», pues se decía: «Ahora he visto al que me ve»."
Génesis 16:13 NVI

Recuerdo la primera vez que Mamá me llamó en voz alta para que fuera a la habitación de Papá. Tenía mucho miedo de que algo malo hubiera sucedido.

Cuando escuché: "Judy, ven rápido, tu papá está despierto", me sentí aliviada. Me pregunté por qué era una gran cosa y luego pensé que había ocurrido un *milagro*.

Mientras ella hablaba con Papá, yo esperaba que él recobrara la conciencia y que finalmente estuviera completamente restablecido, listo para vivir la vida con nosotras como un hombre sana.

No fue así.

En el hospital, cuando se determinó que Papá tenía demasiado daño cerebral como para recuperarse, Mamá le había dicho: "Peter, si me das un beso, te llevaré a casa."

En el abismo perdido de la incertidumbre de lo que podía o no podía comprender, ésa sería su señal de que él seguía allí, en algún lugar de sus sentidos, de alguna manera todavía con ella.

Durante un buen tiempo en el hospital, nunca respondió. Pero un día, Mama entró y Papá frunció los labios para darle un beso, ¡su señal para llevarlo a casa!

Mamá siempre tuvo fe en que Dios podía sanar a Papá. En la primera Pascua en casa después de su incidente, Mamá vistió a Papá con un traje, creyendo que el mismo poder que resucitó a Jesús de entre los muertos era el mismo poder capaz de levantar a Papá. No fue así. Ella nunca perdió la esperanza.

Cuando Mamá me llamó para ver a Papá "despierto" en casa por primera vez, creo que Mamá debió hacer la misma pregunta, aferrándose todavía a la fe como lo había hecho otras veces sin éxito. Sólo que esta vez él respondió. Ese día, Mamá le dijo que le diera un beso y él intentó fruncir los labios.

Observé con asombro cómo ella le decía que apretara los ojos con fuerza si nos quería . . . ¡Y lo hizo!

Recuerdo la sensación de esperanza que surgía dentro de mí de que tal vez, sólo tal vez, las cosas iban a cambiar. Y de repente, dejó de responder y se fue.

No sabía cómo sentirme. Una batalla agresiva surgió dentro de mí al sentir el dolor de perderlo de nuevo contra la esperanza de que fuera consciente de mí, de que en cierto modo me viera. Eso era al menos algo. Aun así, no tenía forma de saber cuándo volvería a ocurrir.

A veces entraba en su habitación yo sola y le hablaba, deseando que me respondiera, esperando sin embargo que pudiera oírme de alguna manera. Que entendiera lo que le decía.

"Papá, la vida es muy dura ahora mismo. Me gustaría que pudieras mejorar y ayudarnos. ¿No podrías pedirle a Dios que por favor te sane?"

Nunca supe si pudo transmitir el mensaje.

Nunca supimos qué o cuánto Papá podía entender. Los médicos le habían dicho a Mamá que había perdido la vista, pero también sabíamos que si podía oírnos, sus otros sentidos serían mucho más fuertes. Si pintábamos imágenes con nuestras palabras, tal vez, de un modo u otro, podría vernos de verdad.

El único vídeo que tengo de Papá como hombre sano es el de la boda de mis padres. Se grabó sin luz, por lo que las tomas interiores son muy oscuras. Como está grabado desde un carrete, el vídeo salta y salta mucho. Hay una pequeña visión de él de pie en el exterior, un mero hilo de un tapiz más grande que jamás pude captar. Es la única vez que lo vi bien. Meros segundos en una película mal grabada fue todo lo que se me dio de su vida.

De pequeña, mamá intentaba peinar mi gran pelo rizado como la cantante Diana Ross, o enrollar mi pelo alrededor de su dedo para que se pareciera al peinado de la niña artista Shirley Temple! Tengo los ojos almendrados y a veces la gente preguntaba mi nacionalidad. Siempre pensé que podía ir a casi cualquier país y la gente podría creer que era uno de ellos.

Tengo una marca de nacimiento del tamaño de mi pulgar en el lado izquierdo de la cara, justo a lo largo de la mandíbula. De niña, me hacían preguntas interesantes sobre esa marca de nacimiento, junto con algunas otras etiquetas. No ayudaba el hecho de que era delgada y muy alta para ser hispana. Judy rima con algunas palabras inapropiadas en inglés, y los niños son tan "creativos" cuando se burlan unos de otros.

Navegar por todas las partes de mi identidad sin una relación sana y tradicional con un padre fue difícil; sin embargo, siempre me aferré a la idea de que mi nombre estaba en la boca de Papá cuando su fiebre alta le hacía alucinar. Me daba una idea de lo mucho que me amaba. Ojalá hubiera tenido la edad suficiente para recordar a Papá diciendo mi nombre. Tres meses no es ningún tiempo para conocer a alguien, y mucho menos cuando tienes tres meses. Nunca pude experimentar cómo era Papá: sus gestos, el sonido de su voz o lo que me habría enseñado a lo largo de la vida.

En mi afán por conocer más a Dios, por descubrir a ese Dios al que Papá amaba tanto y en el que mi madre confiaba tanto, leí toda la Biblia una y otra vez. Quería conocerlo por mí misma.

Me encontré con una historia en Génesis 16 sobre una esclava que fue utilizada, maltratada y luego enviada a morir con su hijo en el desierto. No era nadie y, sin embargo, Dios la vio. Sin importar su condición, sin importar si era digna de ser vista.

Dios la vio y la rescató.

Al leer esa historia, me enteré de que ella le dio a Dios un nombre, un nombre personal y especial para ella, un nombre que nunca había oído o visto antes.

Ella llamó a Dios *El Roí*, "El Dios que me ve" (Génesis 16:13).
¡Dios me ve!

"Antes de formarte en el vientre, ya te había elegido; antes de que nacieras, ya te había apartado; te había nombrado profeta para las naciones."
(Jeremías 1:5 NVI)

No sólo el mundo entero y redondo, con miles de millones de personas que parecen hormigas que se dispersan afanosamente, confundidas cuando alguien perturba su camino. Dios nos ve y nos conoce individualmente.

Singularmente.

Personalmente.

"A mí, Señor, Tú me conoces; Tú me ves y sabes lo que siento por Ti."
(Jeremías 12:3 NVI)

Dios se preocupa y se interesa por cada detalle de nuestra vida. Ve nuestros pensamientos que se revuelven en los rincones secretos de nuestra mente y nos causan noches de insomnio.

Él ve nuestro corazón y aquellas cosas que lo hacen latir incontroladamente a diversos intervalos.

Dios le recuerda a nuestra alma que las cosas van a estar bien.

Él es completamente consciente de nosotros porque nos ve de verdad.

"El Señor recorre con Su mirada toda la tierra, y está listo para ayudar a quienes le son fieles."
(2 Crónicas 16:9 NVI)

Capítulo Seis

POR ÉL CLAMAMOS, ABBA PADRE

*"Pero, cuando se cumplió el plazo, Dios envió a su Hijo, nacido de
una mujer, nacido bajo la ley, para rescatar a los que estaban bajo la ley,
a fin de que fuéramos adoptados como hijos. Ustedes ya son hijos. Dios ha enviado a
nuestros corazones el Espíritu de Su Hijo, que clama: «¡Abba! ¡Padre!» Así que ya
no eres esclavo, sino hijo; y, como eres hijo, Dios te ha hecho también heredero."*
Gálatas 4:4-7 NVI

A lo largo de mi infancia, tuve mis altibajos, pero en general, la vida fue buena. Dios se mostró fiel al rodearme de personas que se levantaron para moldearme y formarme. En general, mi infancia fue increíble.

Luego me convertí en adolescente.

Mi mundo estaba al revés internamente como adolescente, y no necesitaba ninguna ayuda del mundo exterior que no podía importarle menos si yo estaba preparada para lo que tenía preparado. Primero Martha, una amiga desde mi infancia, se mudó. Luego, mi mejor amiga y realmente hermana de mi corazón, Marisela, se mudó cuando estábamos en la secundaria. Perdí otra gran amiga cuando los pastores con los que había crecido y su hija fueron llamados a pastorear otra iglesia. Más amigas de mi iglesia se mudaron. Hubo una división que hizo que nuestra iglesia se dividiera y perdimos muchos miembros. Asistí a un grupo de jóvenes diferente donde todos eran mucho más jóvenes que yo y me sentí fuera de lugar.

En general, fue una época difícil en mi vida. Así que hice lo único que podía controlar: Oré.

Por alguna razón, la habitación de Papá era siempre un lugar tranquilo. Yo frecuentaba su habitación para escuchar mis discos de cuentos y leer. Mi Nana y yo siempre sospechamos que Jesus venía a visitar a Papá en ese cuarto cuando no estábamos en casa. Sabíamos que esa habitación estaba ungida. Nana se arrodillaba y oraba todas las tardes junto a una vieja y acogedora silla en un rincón de la habitación de Papá.

Desde mi habitación contigua a la suya, escuchaba las oraciones de Nana por sus hijos y nietos, por el pastor y los misioneros, y por las personas no salvas que conocía. Ella oraba por la sanidad de Papá, y regularmente la oía decir mi nombre a Dios. Nana alababa a Dios y lo adoraba.

Yo sabía que Nana traía la presencia de Dios a la habitación de Papá cada noche. Me imaginé que la silla donde ella oraba debía estar ungida. Cuando Nana terminaba de orar y salía del cuarto de Papá, yo me levantaba rápidamente y me arrodillaba junto a esa silla, con la esperanza de captar la presencia de Dios antes de que se fuera.

Una noche en particular, había tenido un mal día y realmente necesitaba hablar con Dios. Parecía que todo lo que podía ir mal en casa, en la iglesia y en la escuela, había ido mal. Recuerdo que le dije a Dios que si tenía a Papá, todo sería como debería. Pero no era así. Esa noche me atreví a decirle a Dios que había cometido un error al permitir que Papá se enfermara.

Mientras me quejaba con Dios, le oí en mi corazón decirme que me levantara y pusiera las manos sobre Papá. La comprensión de lo que Dios me estaba diciendo me dejó atónita. Dios me iba a dar lo que siempre había querido: un papá. Y no sólo eso, ¡sino que Dios me iba a usar para sanar a Papá!

Las luces de su habitación estaban apagadas y podía ver la luna brillando a través de las rendijas de las mini persianas. Papá ya no necesitaba ser alimentado cada cuatro horas con Ensure a través de su sonda G; la tecnología médica moderna le permitía ser alimentado continuamente a través de una máquina de alimentación que se parecía a una I.V. Todavía vivíamos en incrementos de cuatro horas porque Mamá tenía que volver a casa para darle la vuelta de lado a la espalda y viceversa para que no le salieran llagas en la espalda. La única vez que Papá tuvo llagas en la cama fue durante una larga estancia en el hospital después de que le cambiaran la sonda gástrica. El personal del hospital no fue tan diligente como Mamá, y acabamos con nosotras ajustándole en su cama, de lado a lado, durante su estancia en el hospital también.

En la tranquilidad de la habitación, lo único que hacía ruido era el suave zumbido de la máquina y los ruidos lejanos de mi familia preparándose para dormir. Caminé lentamente hacia Papá, imaginando que se levantaba de la cama y me daba un gran abrazo. Me imaginé gritándole a Mamá y a mis abuelos para que vinieran a presenciar el milagro.

Me acerqué a la cama del hospital de Papá y puse mi mano sobre su corazón. No ocurrió *nada*.

Sollozaba ante el sentimiento de rechazo que me invadía. Dios había rechazado mi petición. *¿No tengo suficiente fe?*

Por alguna razón me sentí humillada por todo aquello.

¿Acaso Dios no me ama? ¿Qué he hecho mal?

Sé que sentí que había escuchado bien a Dios. Pensé que tenía suficiente fe. Seguramente toda esta vida loca que estábamos viviendo era por alguna razón . . . *¿Un plan mayor? ¿Un propósito? ¿Algo?*

De repente, la habitación se iluminó y fui abrazada por un fuerte y cálido abrazo. Me di la vuelta esperando ver que Nana había prendido la luz, que debía de haberlo visto todo y ahora me estaba abrazando. ¡Pero no había nadie en la habitación!

En ese momento, sentí la presencia de Dios envolviéndome firmemente en un abrazo y oí claramente que el Señor me decía: "Toda tu vida has querido un padre. Es lo único que realmente has pedido con todo tu corazón. ¿Quieres un padre? Yo te doy un papá. Te doy . . . a *Mí. Yo soy tu Padre.* Siempre te amaré y cuidaré de ti. Te protegeré y te guiaré. Proveeré todas tus necesidades. Yo soy tu Papá. Otros padres defraudan a sus hijos, otros padres decepcionan a sus hijos, otros padres nunca están ahí para sus hijos, otros padres dejan a sus hijos y no se preocupan por ellos. Yo nunca te dejaré, nunca te defraudaré, nunca te decepcionaré. Nunca te golpearé. ¿Quieres un padre? *Yo soy tu padre.*"

Y eso fue todo.

Lloré y lloré porque parecía que Dios me estaba diciendo que *no,* que no iba a sanar a Papá. Luego lloré aún más al darme cuenta de que Dios me amaba lo suficiente como para hacer real Su presencia en mi vida, abrazándome literalmente, hablándome y asegurándome que Él sería el padre perfecto que yo necesitaba.

Cuando Moisés vio la zarza ardiente, le preguntó a Dios: "¿Quién puedo decir que eres?" La respuesta de Dios fue: "YO SOY el que soy." Y así es hasta el día de hoy. Dios le aseguró a Papá eso mismo cuando le dijo audiblemente: "Los tiempos han cambiado pero YO SOY el mismo". Me prometió eso mismo cuando Dios me dijo: "YO SOY tu papá". Cualquier pregunta que podamos hacerle a Dios, cualquier cosa que necesitemos de Dios, cualquier cosa que necesitemos que Dios esté en nuestras vidas en ese momento, todo lo que tenemos que hacer es pedir, y Su fiel respuesta será siempre, "YO SOY", porque sus promesas son sí y amén.

Después de esa noche, nunca más le pedí a Dios que sanara a Papá. Sabía que no era necesario. Si Él quería, lo haría y podría. Pero si no, lo tenía a Él. Él era mi Abba Padre, el término que los niños hebreos daban para describir a Dios como *papi.*

No mucho después de esa extraordinaria noche, encontré este versículo en Romanos y me aferré con fuerza a Su promesa:

"Porque todos los que son guiados por el Espíritu de Dios son hijos de Dios. Y ustedes no recibieron un espíritu que de nuevo los esclavice al miedo, sino el Espíritu

que los adopta como hijos y les permite clamar: «¡Abba! ¡Padre!» El Espíritu mismo le asegura a nuestro espíritu que somos hijos de Dios. Y, si somos hijos, somos herederos; herederos de Dios y coherederos con Cristo, pues, si ahora sufrimos con Él, también tendremos parte con Él en Su gloria."
(Romanos 8:14-17 NVI)

Desde aquella noche, Dios fue mi papá . . .
Desde aquella noche, lo llamo "*Abba.*"

Capítulo Siete

ME CONSIDERÓ FIEL

*"Doy gracias al que me fortalece, Cristo Jesús nuestro Señor, pues
me consideró digno de confianza al ponerme a Su servicio."*
1 Timoteo 1:12 NVI

El último campamento de Missionettes al que asistí fue en 1987, cuando tenía doce años. Acababa de ser bautizada el mes anterior y estaba sintiendo un sentido de propósito y dirección. Nuestro pastor tenía una filosofía fantástica de que una vez bautizados, todos debían servir en la iglesia en cualquier capacidad que fueran capaces. Nos animó a todos a encontrar nuestro lugar. Me dieron una pequeña clase de niños de cuatro años para enseñar los domingos, y me encantó.

De niña, Mamá y sus hermanos fueron criados como católicos hasta que asistieron a una Escuela Bíblica de Vacaciones organizada por la iglesia local de las Asambleas de Dios en Calexico, California. Un simple gesto de invitar a algunos niños del vecindario a tomar ponche y galletas en la iglesia cambió la vida de Nana y Tata también, resultando en la salvación de múltiples generaciones.

Disfruté sabiendo que se me dio una responsabilidad tan impresionante para hacer una gran diferencia en la vida de estos niños cada domingo, tal vez la forma en que mi propia familia fue cambiada por los Ministerios de Niños. Me enorgullecía de estudiar la palabra de Dios, de preparar mis lecciones y de arrancar cuidadosamente las imágenes de Jesús bendiciendo a los niños en hojas de franela borrosas. Todos los domingos entraba en la iglesia con mi "Bolsa de Alfombra del Ministerio" ante los rostros sonrientes de dulces niños que no podían pronunciar mi nombre en inglés, *Judy*. Me llamaban *"Hermana Beauty"* para el deleite de mi corazón adolescente.

Me senté en la capilla de mi último Campamento de Missionettes, planeando cómo iba a correr con todos los demás a la sala de juegos para conseguir mi lugar en la mesa de hockey de aire.

Para mi sorpresa, llamaron a una joven para que hablara a nuestro grupo de más de 300 chicas. Era la Miss Y de 1987. La "Y" significaba Mujeres Jóvenes, y ésta era la versión adolescente que servía como grupo de transición de las Missionettes a los Ministerios Femeninos. Estos concursos eran similares al concurso de Miss América, pero sin la competencia de trajes de baño. Después de prepararse bíblicamente y competir contra otras en conocimiento bíblico, esta joven se había ganado la corona y el privilegio de llevar el título de Miss Y por el año. Para el resto de las jóvenes, ella sirvió como modelo de lo que era una joven de Dios, llena del Espíritu Santo, llena de gracia y sabiduría, y el retrato de lo que significaba tener un "buen testimonio". Por muy sencillo que fuera todo el evento, la señorita Y era alguien a quien admirar y respetar por sus logros.

Abrió su Biblia y comenzó a predicar. Me sentí en completa reverencia por toda la persona que representaba y el poder con el que compartía la palabra de Dios. No más de seis años mayor que yo, la señorita Y estaba ministrando a otras jóvenes, tocando sus corazones y permitiendo que Dios la usará para cambiar otras vidas.

Encontré mi corazón diciéndole al Señor, me encantaría poder ministrar a otros como ella, pero no sé de qué hablaría.

El Señor respondió: "Tu padre", y eso fue todo.

Me sorprendió la claridad con la que le había escuchado. La forma en que lo dijo fue como una orden. Busqué en mi corazón y traté de callar los sonidos a mi alrededor para escuchar más de lo que Dios tenía que decir con respecto a Papá, preguntándome de qué quería que yo hablara sobre Papá, pero no escuché nada más.

Esa noche hablé en lenguas en las que nunca antes había hablado. Pasarían cinco años más hasta que Dios me dijera exactamente lo que quiso decir esa noche.

En mi último año de la escuela secundaria presenté mi solicitud a la Universidad del Sur de California, la Universidad de las Asambleas Cristianas de Dios en Costa Mesa, ahora conocida como la Universidad Vanguard. Había solicitado préstamos y becas y estaba bien encaminada.

Pero justo antes de ir a la universidad, en agosto de 1993, asistí a una convención de jóvenes. Mientras estaba allí, le pregunté al Señor qué quería hacer con mi vida. Mis intenciones eran convertirme en pediatra, pero algo no parecía estar bien. Le pregunté a mi Abba Daddy qué quería de mí con respecto a mi futuro. Dios me recordó de aquel Campamento de Missionettes cuando le dije que quería que me usara a través de la predicación, pero sentía que no tenía nada especial que predicar. Me trajo a la memoria el momento en que me dijo: *"Tu Papá."*

Durante el tiempo de oración de la convención en el altar, Dios me preguntó: "¿Qué quieres hacer?"

"Quiero que me uses para hablar a otros de Ti," le dije.

Él respondió: "¿Qué necesitas hacer para poder hablar a otros de Mí?"

"Bueno, necesito aprender la Biblia muy bien, y necesito aprender a predicar."

Entonces el Señor, mi Abba, me dijo que fuera al Colegio LABI, el colegio bíblico al que habían ido mis padres.

Mi corazón se hundió. No podía creerlo. Aunque sabía que su único propósito era formar y preparar a hombres y mujeres para el ministerio a tiempo completo, era tan pequeña y no se parecía en nada a las grandes universidades a las que me había imaginado asistiendo. Sentía que muchas personas esperaban grandes cosas de mí y que podría defraudarles, pero no había nada que deseara más en la vida que ser utilizado plenamente por Dios.

En ese momento, el LABI College no ofrecía becas, subvenciones ni ningún tipo de ayuda gubernamental. Mi familia y yo vivíamos de la seguridad social porque Mamá se quedaba en casa para cuidar a Papá. No había manera de que ella pudiera pagar mi escuela, así que le dije a Dios: "Papá habría pagado mi escuela si estuviera bien. Ya que eres mi padre, si quieres que vaya a esta escuela, tienes que pagarla." Mientras le decía esas cosas respetuosamente, tenía la máxima confianza de que si este era realmente Su plan para mi vida, Él haría un camino.

Cuando llegué a casa de la convención de jóvenes, le dije a Mamá que sentía que Dios quería que fuera a la universidad LABI. Esperaba que se sintiera decepcionada. En cambio, vi que sus ojos se humedecían de alegría por su corazón y me dio un gran abrazo y me dijo que estaba orgullosa de mí.

Presenté mi solicitud y fui aceptada, pero aún no tenía forma de pagarlo. Mi pastor de entonces vivía en el campus de LABI y vino con muy buenas noticias para nosotros. El consejo escolar había revisado mi solicitud. Conociendo el testimonio de Mamá y Papá, habían decidido pagar todos mis estudios, incluyendo la matrícula, el alojamiento y la comida. Mi Abba Padre sí había pagado mis estudios. Mi camino estaba asegurado y Él se había encargado de ello.

Aprendí muchas cosas durante el primer semestre, pero la más importante fue cómo hablar delante de los demás. Había participado en obras de teatro de la iglesia toda mi vida y había actuado en concursos de canto, piano y otros musicales. Pero, por alguna razón, hablar delante de la clase en mi primer semestre fue una pesadilla. Me ponía muy nerviosa y bostezaba hasta el punto de que se me salían las lágrimas de los ojos mientras las mariposas volaban frenéticamente dentro de mi estómago. Era horrible.

Aunque siempre sacaba sobresalientes en mis pruebas y exámenes, no conseguía que saliera un discurso decente de mi boca. Muchas veces lo hacía a trompicones, si es que lo terminaba.

Un compañero de clase me dijo que era inteligente, pero que era una pena que no pudiera hablar en público. "No pasa nada, Dios te utilizará de otra manera," intentó asegurarme.

Tuve una charla con mi Abba Padre al respecto, y Dios me dijo que si iba a predicar, tenía que superar los nervios, prepararme bien y dar lo mejor de mí para el discurso final del semestre.

Preparé mi discurso contra el aborto, imprimí imágenes y las pegué en una cartulina, dejé claros mis puntos, y estudié mucho para no necesitar ni siquiera mis apuntes para mi último discurso. Pedí dar mi discurso primero, engañándome a mí misma para empezar a hablar antes de que los bostezos pudieran empezar y las mariposas pudieran hacer estragos en mi estómago. Durante mi discurso, me pasé por mi clase mirando a todos a los ojos, mostrándoles mis fotos, demostrando mis puntos y sonriendo. Sabía que lo había hecho bien.

Las notas finales se entregaron unas semanas después. Aquel compañero obtuvo un notable y yo un sobresaliente, para sorpresa de ambos. Incapaz de contenerse, insistió en que el profesor le explicara lo que parecía un error. Mi sabio profesor se limitó a decir que, aunque mi compañero hablaba muy bien, le iba mal en los exámenes. Puede que haya tropezado al hablar, pero he sacado todos los sobresalientes en mis exámenes. A fin de cuentas, había aprendido algo en la clase. Había crecido y mejorado, pasando de no ser capaz de hablar bien en absoluto a presentar un discurso realmente bueno, y ese era el sentido de ir a la escuela.

Al comienzo de mi segundo año de escuela bíblica, LABI me informó que, debido a las finanzas, la escuela sólo podía pagar mi matrícula, pero no mi alojamiento y comida. Le recordé a mi Abba Padre su promesa. Unas semanas después, hice una audición y fui aceptada en el coro de la escuela, al igual que mis padres. Participar en el coro de la escuela significaba hacer giras, ir a las iglesias a ministrar, recaudar fondos y crear conciencia para la escuela. También significaba que nos pagaban una parte de la matrícula. La cantidad que nos daban equivalía a la cantidad exacta que yo necesitaba para pagar todos mis estudios.

Participar en el coro fue increíble. Me imaginaba a Mamá y a Papá en las mismas iglesias en las que yo cantaba. Visité ciudades y estados en los que nunca había estado. Mi mejor recuerdo fue cuando fuimos a la iglesia de alguien que había conocido bien a Papá. Me dijo lo mucho que le admiraba. Me tocó algunas de las canciones que Papá y su grupo solían interpretar. Incluso pude cantar con él después de la iglesia mientras los músicos tocaban, como lo habría hecho si Papá estuviera bien.

Al comienzo de mi tercer año de escuela bíblica, volví a necesitar financiación. Una ministra había fallecido y le dijo a su familia que, en lugar de recibir flores para su funeral, quería que el dinero se destinara a una joven estudiante de la escuela bíblica que fuera prometedora, que tuviera un llamado en su vida y que tuviera una necesidad financiera. Nuestro querido amigo, el reverendo Ray Mesa, dijo a la familia que conocía a la chica perfecta, y pronto me informó de la bendición que recibiría.

Durante los tres años que estuve en el LABI, mi Abba Padre pagó mis estudios. También recibía de vez en cuando diez dólares para lavar mi ropa, o veinte dólares para pagar la gasolina para ir a casa, y regalos especiales de mi tía Marti.

Cuando me preparé para transferir a la Universidad Cristiana del Sur de California (ahora Vanguard University) cerca del final de mi tercer año, recordé a Dios Su promesa de proveer para mí. Mi nuevo deseo era ser maestra. En lugar de ser un pediatra que sanaba los cuerpos de los niños pequeños, quería ser un pastor de niños que les mostrará a los niños *quién* podía sanar sus corazones. Me dieron la posición en nuestra iglesia en Fallbrook para ser el Pastor de Niños durante mi segundo año. ¿Qué mejor vocación para un Pastor de Niños que ser una maestra de escuela donde todos los niños pudieran ser encontrados?

Con mis horribles días de la clase de discurso de primer año detrás de mí, terminé mi tiempo en LABI y tuve el honor de ser elegida como la Valedictorian de nuestra clase de graduación. Había crecido para ser bien redondeada académica y socialmente, ya que era el presidente de la clase de primer año, la secretaria de la ASB de segundo año y el presidente de la clase de tercer año. También había participado en el coro, las misiones y la evangelización. El Señor me había preparado tan bien en LABI que cuando apliqué a la SCC, más del 70% de mi matrícula estaba pagada.

Capítulo Ocho

ALÉGRATE CON LA ESPOSA
DE TU JUVENTUD

"¡Bendita sea tu fuente! ¡Goza con la esposa de tu juventud!"
Proverbios 5:18 NVI

Supe que Dios eligió a José Velázquez para mí el día que él se introdujo a Papá. Yo tenía dieciséis años y apenas nos conocíamos cuando él empezó a asistir a nuestra iglesia. Habíamos invitado a los jóvenes a casa a ver una película. Cuando llegó el momento de empezar la película no podíamos encontrar a José. Su coche estaba estacionado delante de nuestra casa, pero José no estaba por ningún lado.

Buscamos por toda la casa, excepto en la habitación de Papá. No había razón alguna para que José estuviera allí. Pero cuando me asomé por la puerta ligeramente abierta, allí estaba José. Le pregunté qué hacía allí y se limitó a sonreír, a decirme que "nada" y a pasar por enfrente de mí. Más tarde me enteré de que se había introducido a Papá como un amigo mio -sin saber si Papá le había oído o no- y prometió cuidar de mí el resto de nuestras vidas. ¡Ni siquiera habíamos tenido nuestra primera cita!

Ninguno de mis amigos varones había tenido la intención de tratar a Papá con respeto y honrar al hombre de nuestro hogar de esa manera. El

Señor me abrió los ojos cuando empecé a revisar mi lista de cosas por las que había estado orando en un marido.

Fue interesante ver cómo se desarrollaba el plan maestro de Dios cuando comparamos notas sobre dónde crecimos, a qué escuelas asistimos y quienes eran nuestros amigos. Descubrimos que ambos habíamos asistido al mismo preescolar en Fullerton. Caminaba entonces con la cabeza baja la mayor parte de ese tiempo, así que no recuerdo haber visto a José. Dice que me recuerda con un jersey rosa con rizos como Shirley Temple. Mi prenda favorita era mi jersey rosa con una fresa en el bolsillo. Hasta el quinto grado, Mamá se esforzaba por cepillar mi cabello rizado como Shirley Temple cada vez que podía.

Hay una foto de José en el jardín de infancia dibujando cuidadosamente en la pizarra con intensa concentración. Dice que lo recuerda bien. Cuando le preguntaron qué estaba dibujando, les dijo que era una niña que había conocido. Era un dibujo de mi.

Cuando estaba en sexto grado, nuestra iglesia organizó una ceremonia de renovación de votos para las parejas de nuestra congregación. Nana y Tata nunca se habían casado formalmente, así que fue un gran acontecimiento para toda la familia, incluyendo sus siete hijos y todos los primos. Mientras mis primos y yo corríamos por toda la iglesia jugando al pilla-pilla, Mamá me paró y me presentó a "Jose, el sobrino de Elvia." Mamá me dijo que le invitara a venir a jugar con nosotros. Se lo pedí, y al estar en la edad en que uno no va a jugar con niños o niñas desconocidas, me dijo que no. Me encogí de hombros y seguimos jugando sin él. Años más tarde, cuando vimos un vídeo de aquella ceremonia de boda, durante unos preciosos segundos, pudimos ver al pequeño José, con el pelo ligeramente rizado y tupido, masticando un chicle. Quien fuera la persona que estuviera grabando en ese momento, captó al niño que acabaría convirtiéndose en el hombre que hizo realidad todos mis sueños.

Durante el tiempo en que a Papá le cambiaron la sonda gástrica y estuvimos en el hospital durante un largo periodo de tiempo, Margarita, José, Josué y Maggie Velázquez empezaron a asistir a nuestra iglesia. Yo tenía dieciséis años y Nana me habló de un joven guapo que había empezado a asistir a la iglesia.

"Tiene más o menos tu edad y es muy alto," me dijo. Insinuó que si fuera joven como yo, lo encontraría muy atractivo. Fingí que no me interesaba, pero me moría de ganas por saber de quién se trataba.

Después de esos meses en el hospital, Mamá y yo nos encontramos nuevamente en la iglesia el domingo de Pascua. Mientras veíamos la tradicional obra de teatro de Pascua, tomé nota de los amigos que interpretaban a los distintos personajes. Me llamó la atención un soldado romano que vigilaba a Jesús mientras llevaba su cruz hacia la muerte. ¿Quién es ese tipo? me pregunté. Su máscara romana me impedía verle la cara, pero me di cuenta de que tenía unos tobillos muy bonitos debajo de la falda romana. Como si lo supiera, Nana se inclinó y dijo: "*Ese* es José."

Como Papá aún se estaba recuperando, salimos de la iglesia inmediatamente después del programa y no pude conocer a José. Mientras caminábamos por el pasillo hacia nuestras clases de la Escuela Dominical la semana siguiente, sentí que alguien tocaba suavemente mis rizos. Me di la vuelta y tuve que levantar la vista para ver quién era. No lo había conocido oficialmente, pero sabía que ese magnífico chico de 6 pies 3 pulgadas con unos bonitos tobillos tenía que ser José.

Pero Nana estaba equivocada. No tenía mi edad, ¡era mayor! Tenía bigote y parecía tener 21 años. Me siguió al grupo de jóvenes y supuse que se había equivocado de clase. En las semanas siguientes, me di cuenta de que intentaba cruzarse conmigo en la iglesia, pero su edad y su bigote me intimidaba. Caminaba en dirección contraria o pasaba a hurtadillas por un camino alternativo en la iglesia. Finalmente, nos encontramos y empezamos a hablar más y más. Al final me atreví a preguntarle su edad, ya que siempre se juntaba con nosotros, los jóvenes, y su respuesta fue: "*Lo suficientemente edad.*"

¿Suficiente edad? ¿Qué significaba eso? Ya me costaba porque parecía muy mayor. ¿De qué edad suficiente quería ser? Cuando finalmente obtuve una respuesta, descubrí que en realidad era 6 meses *menor* que yo. De alguna manera eso disminuyó la amenaza y rápidamente nos convertimos en mejores amigos, empezamos a salir, y vi que José era el elegido de Dios para mi vida.

Sabía que José era el elegido porque había hecho una "lista de cualidades de un marido" cuando tenía once años y oraba sobre esa lista cada vez que podía. Fue una idea que se nos dio durante un taller en la que se nos dijo que buscáramos un papel y escribiéramos lo que queríamos en un marido. Se nos indicó que lo primero en la lista debía de ser "Un hombre de Dios" y luego podíamos escribir cualquier otra cosa que nos gustaría. Mi número dos era una sola palabra: Alto. Mi lado puertorriqueña se impuso a mi lado mexicana, y yo era mucho más alta que la mayoría de los chicos que conocía. Quería poder usar zapatos de tacón más altos posibles y tener un marido que fuera más alto que yo. El resto de mi lista consistía en cosas como, alguien que fuera guapo pero no engreído, que le gustara viajar, que quisiera tener muchos hijos y que pudiera ayudarme a descubrir mi herencia. Oraba por esa lista y por esa persona. Había momentos en los que oraba por su seguridad y otros en los que pedía a Dios que le diera sabiduría. Le pedía a Dios que le diera salud, pero sobre todo que le hiciera sentir el amor de Dios.

A medida que nuestra amistad crecía, me di cuenta de que José se ajustaba exactamente a lo que había en mi lista. Le pedí a Dios una señal de que José era realmente "el indicado". No mucho tiempo después, sorprendí a José visitando esa noche a Papá. José era mío para siempre, elegido específica y especialmente para mí por Dios. Nos comprometimos a pasar el resto de nuestras vidas juntos.

Ahora nos reímos de ello, pero José y yo tuvimos tres ceremonias de boda el 24 de mayo de 1997. La primera fue extremadamente importante para mí, ya que intercambiamos nuestros votos en casa delante de Papá. Ante la imposibilidad de que me acompañara al altar -y mucho menos de que asistiera a cualquier evento en persona- José y yo decidimos honrar a Papá buscando primero su bendición y haciendo nuestras promesas el uno al otro delante de Papá en esa mañana.

Esa misma tarde, José y yo celebramos nuestra ceremonia oficial de boda y la recepción en The Grand Tradition en Fallbrook. Era una hermosa mansión victoriana con un lago y cisnes. Mis abuelos paterno y materno me acompañaron colina abajo hacia el mirador donde José y el resto de nuestros invitados esperaban. Luego, al igual que habíamos hecho antes con mi quinceañera, Mamá y yo caminamos de la mano el resto del camino hacia el pasillo mientras ella me confiaba a los brazos de José en nombre de ella y de Papá. Me encantó todo lo relacionado con nuestra boda, desde la banda de mariachis que nos dio una serenata durante todo el evento, hasta los ricos colores púrpura que decoraban la elegante recepción, pasando por el delicioso pastel de bodas que tenía una capa superior de pistacho -el favorito de José- y el resto era de vainilla con un relleno de fresa y plátano, hasta la gran cantidad de personas que amaron y celebraron nuestra unión.

Inmediatamente después de nuestra recepción, nos dirigimos a la iglesia para la boda número tres. Nuestro limitado presupuesto nos impidió invitar a todos nuestros conocidos, así que tuvimos que limitar nuestra boda de Gran Tradición sólo a amigos y familiares cercanos. Como éramos los pastores de niños y jóvenes de nuestra iglesia, queríamos invitar a toda nuestra iglesia a celebrar nuestra tercera boda. Para incluir a todos, hicimos que los niños de la iglesia se vistieran de blanco y caminaran por el pasillo como nuestras niñas y niños de flores. El resto del grupo de novios se unió a nosotros por segunda vez ese día, y nos reímos mientras un ministro diferente nos dirigía en los votos matrimoniales que ya habíamos hecho dos veces antes.

La reverencia de nuestra primera ceremonia se centró en honrar a mis padres. La euforia de nuestra segunda ceremonia fue por casarme con el hombre de mis sueños. El tesoro de la tercera ceremonia fue el recuerdo de mi Tío Rick, el esposo de Tía Gladys, llevándome al altar.

Al día siguiente nos fuimos de luna de miel a Cancún y descubrimos nuevos mundos al comenzar nuestra nueva vida juntos.

ETAPA DE CRISÁLIDA

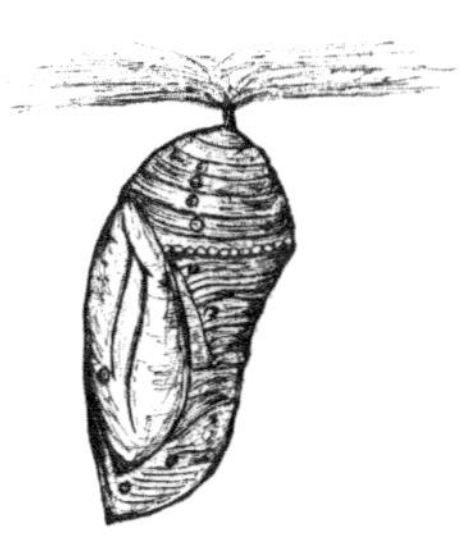

La etapa crisálida es cuando se produce la milagrosa transformación de la oruga en mariposa. En el interior de la crisálida se producen enormes cambios en los que las alas, los ojos, la lengua y las antenas adquieren nuevas funciones. Gran parte de la oruga original se convierte en una "sopa" dentro de la crisálida. Esto alimenta el crecimiento de las nuevas partes de la mariposa.

La envoltura de seda de la crisálida la protege, manteniendo a la mariposa a salvo de la lluvia y escondida de los depredadores. Algunas crisálidas están coloreadas como joyas preciosas. La palabra "crisálida" viene de la palabra griega *khrusos* que significa "oro".

"A veces necesitas luchar en la oscuridad durante un tiempo para poder ser más fuerte cuando salgas a la luz. Puede que te sientas presionado y destrozado, pero el proceso es necesario para que se produzca tu hermoso cambio."

~ Joseph Peter

Capítulo Nueve

RELIGIÓN PURA Y SIN MANCHA

"La religión pura y sin mancha delante de Dios nuestro Padre es ésta: atender a los huérfanos y a las viudas en sus aflicciones, y conservarse limpio de la corrupción del mundo."
Santiago 1:27 NVI

De pequeña no era consciente de que la situación de mi hogar era única. Pero a medida que crecía en nuestra pequeña iglesia de habla español, donde Mamá vio por primera vez a Papá, empecé a notar que yo era la única que no iba a casa con su papá. Me di cuenta de que en el Día del Padre, mientras todos coloreábamos nuestros papeles para dárselos a nuestros papás, yo tendría que esperar hasta llegar a casa para darle a Papá el suyo. Cuando entré en la habitación de Papá, me di cuenta de que no sólo no podría sostenerlo o leerlo, sino que no podría decir lo bonito que era o darme un abrazo.

Un Día del Padre en la iglesia, nos entregaron a todos una letra del alfabeto. Alguien había decidido en el último momento que los niños leyeran un poema, y a mí me tocó una de las letras por lo bien que hablaba. Nos apresuraron a subir al escenario. Antes de darme cuenta, estaba leyendo palabras a un padre que no estaba allí, diciendo algo sobre lo mucho que me gustaba que me tuviera en sus brazos. Era pequeña, pero de alguna manera me sentía avergonzada y humillada mientras leía esas palabras en voz alta.

Después de eso, temía el Día del Padre. Lo temía hasta el punto de que cada año me sentía mal del estómago cuando íbamos a la iglesia. Un año, me puse tan enferma que pude quedarme en casa sin ir a la iglesia ese día. Volví a intentarlo al año siguiente, pero cuando Mamá se dio cuenta de lo que estaba haciendo, me preguntó por qué. Simplemente le dije que mientras todo el mundo estaba celebrando con sus padres, el mío estaba en casa y prefería estar en casa. Lo único que hacía era hablar de alguien que no estaba allí. Intentó decirme que podía seguir participando porque todos sabían que Papá estaba en casa, pero mi lógica de niña pequeña de que él no podía leerla ni verla era un hecho que ambos teníamos que afrontar.

"Tata te quiere como a un papá. Puedes darle tus papeles y poemas," me dijo.

Así que al año siguiente volví a la iglesia en el Día del Padre. Como ya era mayor, ya no leíamos los poemas como hacían los niños pequeños. Y eso lo agradecí. Pero el peor y más horrible Día del Padre que he tenido fue cuando la esposa del pastor de nuestra iglesia entró en nuestra clase y nos dijo que escribiéramos lo que nos gustaba de nuestros padres.

Creyendo que estaba a salvo, empecé a escribir todo lo que había oído decir a otras personas sobre Papá: que era amable, que era guapo, que era un gran predicador, que tocaba el bajo, que me quería, etc. De hecho, me dejé llevar y escribí todas las cosas que había oído sobre Papá; ninguna de ellas la había vivido en primera persona. Empecé a preocuparme cuando recogieron los papeles, pero luego pensé que nos los devolverían después del servicio.

Todos los niños entraron en el santuario y cada clase presentó lo que había preparado para el Día del Padre. Los más pequeños repitieron lo que debían hacer. La siguiente clase levantó sus carteles y leyó lo que significaba su carta. Todo el tiempo me alegro de haber dejado atrás esos días horribles. Pero entonces la esposa del pastor se levantó y ocupó su lugar detrás del púlpito. En sus manos estaban las hojas que yo reconocía, y comenzó a leer lentamente cada una de ellas.

Me convencí de que seguramente no leería la mía. ¿Para qué? Papá no estaba allí para escucharla. Ella sabía lo de Papá. Ella y el pastor incluso habían ido al instituto bíblico con mis padres. No había manera de que la fuera a leer. De ninguna manera.

Y entonces, como una historia de terror que se desarrolla lentamente ante mí, ella sostuvo una última página. Debido a mis elaboradas descripciones de Papá, había escrito en toda la página, por delante y por detrás. Cuando levantó el papel para leer lo que estaba escrito, *mi letra me devolvió la mirada.*

La pastora afirmó que el papel que tenía en la mano era el *más* especial de todos porque estaba escrito por una niña especial que tenía un padre especial, y quería leerlo para que todos lo escucharan. Al oír mis palabras escritas en voz alta, me hundí más y más en mi asiento. Mi cara ardía de calor y mi cuerpo se llenaba de escalofríos. Veía sus labios moverse, pero ya no oía las palabras. En su lugar, mis oídos se llenaron de los soplos de narices de los varones de la iglesia y de los sollozos silenciosos de las mujeres. Miré a mi alrededor y vi a los padres abrazando a sus hijos con más fuerza que de costumbre. Intentaban apartar las lágrimas que se formaban en sus ojos.

No me había sentado con Mamá; nunca lo hacía cuando tocaba el piano. Me senté y miré a mi alrededor para ver su reacción. Quería encontrar de algún modo consuelo en ella, guiñandome el ojo como siempre hacía cuando quería que supiera que las cosas estaban bien. Pero no pude encontrarla.

Me levanté de mi asiento y me coloqué en el fondo de la iglesia para poder buscarla mejor entre la gente. Seguía sin poder verla. Mi última suposición fue que había ido al baño, y oré para que, por algún milagro, se hubiera perdido toda la experiencia. Empujé la puerta para abrirla, pero estaba bloqueada por el cuerpo de alguien. Al darme cuenta de que era yo, la puerta se abrió y me encontré entrando en el baño para descubrir a un grupo de damas rodeando a alguien que estaba llorando. *Mamá lo había oído todo.*

En la peor fiesta del año, le había causado dolor a mi propia madre al recordarle lo que una vez fue y ahora el dolor de lo que nunca sería. Me sacaron del baño y me dijeron que todo estaba "bien", pero yo sabía que no lo estaba. Me sentí mal conmigo misma por eso, y me resentí de que me hubieran puesto en esa situación en primer lugar.

Para muchos de nosotros que crecemos sin un padre, el Día del Padre y el Día de la Madre todavía nos duele. Las fiestas pueden causar vergüenza, recordándonos que no estamos completos o que nos falta algo. Alguien.

En el ajetreo y el "bien" de sus propias vidas, la gente se olvida de la viuda. Se olvidan de los huérfanos. Pero Dios no lo hace. Sorprendentemente, hay quienes me recuerdan ahora, incluso como adulta, sin padre, pero han elegido dar un paso adelante a su manera para proporcionar el amor de un padre. Su amor es el resultado directo del impulso de un Dios que no olvida.

"Y, después de que ustedes hayan sufrido un poco de tiempo, Dios mismo,
el Dios de toda gracia que los llamó a Su gloria eterna en Cristo, los restaurará y los
hará fuertes, firmes y estables."
(1 Pedro 5:10 NVI)

Tenía veinte años cuando Mamá y yo nos mudamos a Fallbrook, California, el día de Año Nuevo de 1995. A ella le habían pedido que fuera la Pastora Asistente de Centro Cristiano de Victoria, y yo me convertí en el Pastor de Niños al completar mi segundo año en LABI. A un año de estar comprometidos, José venía los fines de semana para servir como Pastor de Jóvenes. Para junio, ya estábamos acostumbrados a los nuevos ministerios en los que el Señor nos había colocado.

En el Día del Padre preparé a los niños para su programa especial para todos los padres de nuestra congregación. Con una gran alegría por estar ahora en este lado del espectro para el programa anual de la iglesia del Día del Padre, y con un corazón sincero, entré a ciegas en una escena horrible que había protagonizado en mi infancia. Sin embargo, esta vez, yo era el líder desprevenido que causaba dolor y vergüenza innecesaria a un niño pequeño que no tenía padre.

Era un niño adorable con grandes ojos marrones y pelo castaño rizado. Pedí a su padre que pasara para recibir su tarjeta de Día del Padre. Nadie pasaba. Una vez más pregunté por su padre. Aunque estoy segura de que hicieron gestos, no capté ninguna señal de los miembros de la iglesia que me dijera que siguiera adelante. Cuando pedí por última vez que el papá del niño se pusiera de pie, y no lo hizo, algunos miembros no tan discretos me dijeron que su papá no estaba allí. Le dije al niño que le diera la tarjeta a su mamá que se encargaría de ella hasta que llegara a casa y pudiera dársela a su papá.

Pronto descubrí que los padres de muchos otros niños tampoco estaban presentes. De hecho, más de tres cuartas partes de los niños no tenían a su padre presente en la iglesia ese día. Con cada movimiento de cabeza mientras leía un nombre tras otro y no había un papá presente, sentía una puñalada en mi propio corazón al imaginar el dolor de ese pobre niño y del corazón de su madre. Lo peor es que ni siquiera sentí que podía dejar de leer los nombres por miedo a que los pocos niños que sí tenían un papá allí se perdieran la celebración sin tener la culpa.

Cuando salí del santuario, ya muy enfadada conmigo misma, todo empeoró cuando otro niño me susurró: "Ese niño no tiene papá. Su papá está *muerto*".

Esa noche me fui a casa y lloré durante horas. Lloré por mí misma porque no tenía un papá. Lloré por ser tan insensible con otros preciosos niños cuyas vidas espirituales se me habían confiado, especialmente porque sabía cómo se sentía. Lloré por el niño que no sólo había fallecido su padre, sino que ahora la persona que estaba a cargo de su bienestar espiritual lo humillaba públicamente.

Mamá entró en la sala y me hizo saber que, aunque muchos de los padres estaban fuera por motivos de trabajo, la mayoría de los niños cuyos padres no se levantaron no tenían ningún padre esperándolos en casa. Un buen 75% de esos niños no tenían padre, y lloré a mi propio Abba Padre en pena por todos esos niños con los que podía relacionarme.

A su manera suave y misericordiosa, el Señor me abrió los ojos y me hizo ver. Yo sabía cómo se sentían. Sabía cómo se sentían al ser avergonzados en la iglesia, pero sobre todo sabía cómo se sentían cuando otros niños les preguntaban a qué se dedicaba su padre y no podían responder. Sabía cómo se sentían cuando veían que otros padres cogían a sus hijos, los abrazaban, les revolvían el pelo y jugaban con ellos mientras su propio padre no lo hacía. *Lo sabía.*

No sólo sabía cómo se sentían, sino, lo que es más importante, ¡sabía cómo podían sentirse!

Hace mucho tiempo, en una habitación oscura, Dios me había dado un abrazo y me había dicho que Él sería mi papá. Y si Él era mi papá, entonces según la Biblia, Él era el padre de cada uno de esos pequeños niños también. En mi corazón comprendí que Dios me veía lo suficientemente apto, fuerte y fiel como para permitirme ese dolor paternal de soportar esos momentos oscuros de mi vida mientras me moldeaba en la crisálida de Su plan perfecto para mi vida . . . sus vidas. Quedó muy claro que lo que había pasado no fue en vano. Mi experiencia única me ayudó a crecer para apreciar a Dios, mi Abba Padre, de una manera que no muchas personas son capaces. Pude sentir Su abrazo y escuchar sus palabras de consuelo. Pensé en aquella época, hace años en mi infancia, en la que era la única y en la que me dolía estar en esa crisálida diseñada sólo para mí. Recordé los momentos en los que me sentía sola y cuestioné a Dios sobre Su amor y por qué me sucedían estas cosas.

¿Y si era para ayudar a estos pequeños niños que ahora tenía bajo mi cuidado a ver a Dios como su Abba Padre de la misma manera que yo lo hacía ahora? ¿Podría ser? En cualquier caso, ¡tenía que ser fiel y compartir mi historia con ellos!

El domingo siguiente, preparé una lección especial y compartí mi testimonio. Les conté a los niños que yo era igual que ellos sin papá, y que Dios me había abrazado y me había dicho que era suya. Les dije que Dios también era su padre y que se ocuparía de todas sus necesidades igual que se había ocupado de las mías.

Comprendí y encontré satisfacción al saber que todo lo que había pasado tenía un propósito. Dependía de mí pasar por ello, ver a Jesús en ello y compartirlo con otros para ayudarles.

"Dios, quiero hacerlo . . . pero no tengo *nada* que decir".

"*Tu Padre*".

Debía compartir sobre mi papá aquí en la tierra, y sobre mi Papá en el cielo, mi Abba Padre. *¡Nuestro Abba Padre!*

DIOS PONE A LOS SOLITARIOS EN FAMILIAS

"Dios da un hogar a los desamparados."
Salmo 68:6 NVI

Durante los años en que Mamá cuidó a Papá, también desempeñó funciones de liderazgo en nuestra iglesia, fue a la escuela para educarse y se ocupó de mí. Todavía en sus treinta y pocos años, alguien bromeó diciendo que Mamá había ocupado todos los puestos en la iglesia, excepto ser la pastora principal y la directora del Ministerio de Hombres.

A lo largo de su vida, Mamá siempre ha sabido quién es su Dios, y se ha mantenido fiel a su Palabra. Ella originalmente sólo quería tocar el piano, ser la esposa de un pastor, y criar una gran familia propia; pero había otra batalla planeada para ella. A medida que Dios le dio la victoria sobre cada obstáculo puesto en su camino, su vida se convirtió en una fuente de ánimo para muchas personas con las que se encontraba personalmente, y otras que escuchaban su historia.

En 2001, después de servir como pastora asistente de Centro Cristiano de Victoria en Fallbrook por más de seis años, Mamá fue oficialmente la pastora principal. Ella vio a su congregación crecer y convertirse en su familia extendida con hermanos y hermanas adicionales y muchos niños. Aunque no haya tenido la familia numerosa que ella pretendía, Mamá sí se convirtió en madre de muchos.

Al crecer, nunca tuve hermanos y hermanas biológicos como muchos de mis otros amigos y familiares, pero Dios llenó mi corazón. Mis tías y tíos ayudaron a criarme, y tuve primos increíbles que se convirtieron en mis hermanos y hermanas.

Sin duda, la fe de mi familia me ha influenciado mucho. Nana me enseñó el poder de la oración. Completamente enamorada de Jesús, Nana siempre cantaba que un día iría al cielo a verlo. Me inculcó la seguridad de que la muerte no era algo malo si uno tenía el Cielo esperando.

Cuando era pequeña, Nana a veces me llamaba para leerme un pequeño sermón que el Señor le había dado. Mientras hablaba, yo miraba su página de notas escritas con su mejor caligrafía. Decía: "¡Si hubiera terminado la escuela, habría sido una gran predicadora!" Me dijo que algún día yo tendría que predicar por ella.

Tata me enseñó a tomar decisiones sabias y a reflexionar de forma práctica, equilibrando el pensamiento y las ideas en medio de la religiosidad. Realmente intervino lo mejor que pudo como padre, ayudándome a comprar mi primer coche, enseñándome a cuidarlo y teniendo siempre sabios dichos sobre la vida que vivo hasta hoy.

Tia Linda me enseñó a escuchar cuando Dios habla. Ella me dio la Biblia de Precious Moments que todavía llevo conmigo hoy. No sólo he aprendido a escuchar sus palabras, sino que he aprendido a oír la voz de Dios en la oscuridad de la noche. Tia Linda y Tio Willy fueron intencionales en mi guerra espiritual y me dieron mi amor por los viajes.

Tia Marty siempre estaba lista con una casa abierta, una comida lista, y una palabra de sabiduría de la Biblia. Realmente mi maestra favorita de la Escuela Dominical, ella me ayudó a ver más profundamente en la gente y sus intenciones, creyendo lo mejor y dando a la gente el beneficio de la duda. Curiosamente, tengo una segunda Tía Marti y ella, junto con mi Tío Tony, son también ejemplos perfectos de lo que es el don de hospitalidad. Ellos cuidaron constantemente de Papá, Mamá y de mí a lo largo de los años de manera superadora y aún así hospedaron a otros sin hogar o familia. Cuando el Salmo 68:6 dice: *"Dios pone a los solitarios en familias,"* los está utilizando. Estos queridos miembros de la familia me mostraron la importancia de atender las necesidades físicas de las personas, así como sus necesidades espirituales.

Tía Rosie se parece a Nana en que siempre está cantando o tarareando. Ella refleja la naturaleza creativa de Dios en la forma en que diseña todo lo que la rodea, ya sea en casa o en la iglesia que pastorea con mi Tío Luis. Mi amor por la pintura en aerosol, el bricolaje y el uso de la vegetación de la comunidad son todos heredados de ella. Siempre admiré el amor de Tío Basilio por sus hijos, ya que me contaba que iba a sus juegos deportivos, los llevaba a hacer excursiones y les contaba las historias más increíbles. Tia Tina y Tio Johnny me enseñaron que un ministerio eficaz se baja del altar, se aleja del púlpito y se adentra en la multitud con la gente mientras hacen vida juntos. Hasta el día de hoy trato de ver el mundo y a la gente a través de sus ojos como ellos ven a los demás a través de los ojos de Dios.

Papá tenía una hermana, Gladys, y no sólo se ha convertido en la voz del amor representada por el lado de Papá, sino que realmente soy una mejor persona gracias a ella. Al crecer, siempre se aseguró de incluir a mi abuela paterna y a mis tíos en mi vida. Tía Gladys es la personificación de la gracia, el amor incondicional, la dulzura y la fuerza. Ya sea que se trate de un gran hallazgo por parte de un pequeño propietario de una tienda local o una potencial inversión inmobiliaria, Tia Gladys siempre puede detectar un gran negocio. Ella tiene la intención de involucrarse en nuestras vidas, y estoy muy agradecida porque una y otra vez ha dicho las palabras de sabiduría que necesitaba escuchar en mi vida.

Realmente se necesita una aldea para criar a un niño, y aunque Mamá hizo un trabajo increíble por sí sola, también he sido bendecida con rastros de otras vidas que se detuvieron en el camino para invertir en la mía. Soy quien soy en primer lugar por la misericordia y el amor de Dios, y en segundo lugar por las personas que Él puso en mi vida. Papá amaba tanto a Dios que estaba dispuesto a ser usado por Él sin importar lo que padeciera. Veo a mi familia haciendo lo mismo en sus propias vidas a lo largo de su propio viaje.

"Traigo a la memoria tu fe sincera, la cual animó primero a tu abuela Loida y a tu madre Eunice, y ahora te anima a ti. De eso estoy convencido. Por eso te recomiendo que avives la llama del don de Dios que recibiste cuando te impuse las manos. Pues Dios no nos ha dado un espíritu de timidez, sino de poder, de amor y de dominio propio."
(2 Timoteo 1:5-7 NVI)

Con gracia, Dios me ha regalado mi propia familia, y estoy más que agradecida por sus lecciones también. He aprendido lo que es el verdadero amor incondicional de mi esposo, José. Él me ha visto en mis peores momentos y aún así ha creído en lo mejor de mí. Ni una sola vez he sentido que tenía que actuar o ser algo diferente para merecer Su amor. Nunca me ha dejado sentir que podía perder o disminuir Su amor por mí. Ejemplificando el amor de Dios en Su forma más verdadera, José me muestra diariamente cómo es el amor de Cristo por Su novia al sacrificarse para que yo y nuestros hijos tengamos lo mejor. Ni José ni yo somos perfectos, hemos tenido más que nuestra cuota de luchas, pero nuestra voluntad de perseguir el ideal de Dios es fuerte. Ambos hemos aprendido a atravesar juntos las distintas etapas y estaciones de nuestra vida.

En mis cuatro hijos veo esperanza. Esperanza de un día mejor que el de hoy. Esperanza de que tengo la oportunidad de deshacer los males que me han hecho y hacer lo correcto con ellos. Esperanza de que el legado que comenzó con mis padres, abuelos y bisabuelos continúe durante las generaciones venideras.

Cada uno de mis hijos tiene un propósito único, un nombre especial dado por Dios y una historia propia.

Caitlyn-Alexis

Mi primera hija nació el 14 de agosto de 1999. Todo en ella era perfecto. Su rostro era hermoso y no presentaba ningúna señal de un parto recién. Sus llantos eran muy femeninos y, una vez que la puse en mis brazos, estaba tranquila y calmada, como si supiera al instante que pertenecía en ese lugar.

Fue rápida e inteligente desde el principio y tenía un agudo sentido de juicio cuando se trataba de personas en las que se permitía confiar. Con un año y medio ya había aprendido a ir al baño sola, y a los tres años ya tenía los conocimientos mentales y verbales de una niña de seis años.

Siempre pensando y queriendo hacer algo, lo que le salía naturalmente era cocinar. Cuando todos sus compañeros llevaban galletas hechas por sus madres o compradas en una tienda, Caitlyn horneaba y decoraba tartas enteras. Aunque nunca aceptaría presentarse a un concurso de belleza o cantar delante de nuestra iglesia, mi pequeña de nueve años ganó en los niveles seccional y distritales en la categoría de repostería en los concursos de Missionettes. Decía que quería ser cocinera profesional, pero la idea de ser realmente una crítica gastronómica la divertía. Cuando leo sus escritos y la forma en que relata sus ideas de forma clara y adecuada, me pregunto si no hay también un escritor en ella.

Antes de tener hijos, pensé que sería bonito ponerles a todos nuestros hijos nombres de "J" para que coincidieran con José y conmigo. Después de nueve horas de parto, la idea de poner a todos nuestros hijos nombres que empezaran por "J" se me pasó por la cabeza. Siempre me habían gustado los nombres de Caitlyn y Alexis. Me parecían bonitos y me encantaba su significados *"puro"* y *"ayudante y defensor de la humanidad"*. Le puse a mi primogénita este hermoso nombre, pero más tarde me pregunté si me había equivocado. Un domingo, durante el servicio, me acordé de mi idea de la "J". Jugué con la idea de cambiar legalmente el nombre de Caitlyn hasta que sentí que el Señor le decía a mi corazón: "Tú no le pusiste el nombre. Yo lo hice". Desde ese momento he sabido que Dios tiene planes especiales para mi primogénita. Durante su infancia, esperé esos planes con ansiedad mientras la veía crecer cada día.

Caitlyn es muy parecida a mí: es independiente, sabe lo que quiere y, sin embargo, se pone en segundo lugar para seguir las decisiones de sus seres queridos. Es callada y tímida al principio, observando cuidadosamente a quién puede abrir su corazón; y una vez que lo hace, es leal y fiel hasta el final. Le encanta reír, y a menudo la encontrarás cerca de alguien que se hace el payaso. Yo la llamo mi Esencia. Entiendo su intensidad unida a su corazón amable y a su espíritu tranquilo que, cuando está en su elemento, se eleva alto, fuerte y majestuoso. Será emocionante ver dónde utiliza Dios a esta "ayudante y defensora de la humanidad" que Él mismo nombró, y el propósito detrás de por qué la hizo.

Karissa-Leiann

El Día de los Padres del año 2000 sorprendí a José con la noticia de que estábamos esperando nuestro segundo niño. Con la certeza de que debía ser un niño, nuestro baby shower consistió en artículos de bebé amarillo, verde y azul..

El domingo del Super Bowl, el 28 de enero de 2001, nació nuestra Karissa. Aunque estaba roja y morada con la cara aplastada, pude ver que era muy hermosa. Su nombre surgió cuando José tuvo un sueño en el que perseguía a una niña, corriendo y gritando: "¡Karissa! Leiann!"

Siempre ha tenido unos rasgos Velazqueños más marcados y desde muy pequeña se parecía a su bisabuela, Mamá Clarita. Mi cuñada Margarita pasó ese verano con nosotros y, mientras llevaba a Karissa, la gente le preguntaba si era su bebé. Cuando creció, a Karissa le costó darse cuenta de que cuando la gente decía que se parecía a su papá, era algo bueno y no que le estaban diciendo que se parecía a un varoncito.

El regalo natural de Karissa es el arte, los colores y el diseño. Encuentra la belleza en todo lo floral y la fauna. Empezó a hablar un poco más tarde que su hermana, y fue cautelosa al acercarse a otros niños. Cuando Karissa decidió empezar a hablar, lo hizo con frases largas y completas. Hasta hoy, es muy elaborada cuando describe o explica algo, un atributo que ayuda a atraer a los demás a lo que está tratando de transmitir.

A menudo la oía practicar lo que quería decirme en el pasillo. Me costaba dejarla decir lo que necesitaba después de haber escuchado la conversación unos minutos antes. Cuando Karissa tenía que practicar su escritura, sus letras eran exactamente iguales a las que aparecían en la página: ángulo por ángulo, curva por curva, punto por punto. Sólo estaba en 2º grado y su caligrafía era mejor que la de la mayoría de la gente que conocía.

Aunque es más lenta y deliberada en todo lo que hace, Karissa hace que el mundo que la rodea sea hermoso. Mientras que en sus primeros años le costaba un poco más hacer amigos con niños de su edad, Karissa podía mantener sin esfuerzo conversaciones muy inteligentes con cualquier adulto. La llamo Corazón porque es muy sincera, tiene un corazón tierno y ama al mundo y a todos los que lo componen. Ve el bien en todas las cosas y le encanta bailar. Su nombre significa *"amada"* y *"encantadora"*, y hace honor a esos nombres. Decía que quería ser artista y colgar sus cuadros en un museo. Cuando llegó el momento de planificar la portada de este libro, no tuve ninguna duda de que ella sería la encargada de diseñarlo.

Cuando Karissa tenía tres años, fuimos a un viaje misionero a Costa Rica y volvió diciendo que quería ser misionera. Le encantan los bebés y siempre está sonriendo o sosteniendo al bebé más cercano a ella. Karissa siempre quería comprar el último muñeco o animalito en la juguetería, y nos dijo que quería tener cuatro hijos algún día: dos niños y dos niñas. Como es una soñadora de corazón, le recordé que todos sus dones, talentos y cosas que le gustan se las ha dado Dios. Él los está moldeando juntos para hacer de ella un recipiente que Él use para Su gloria y honor.

Joscelyn-Analei

Nuestra tercera hija, Joscelyn, fue un poco más difícil de conseguir. El "plan" había sido casarnos, esperar dos años, tener cuatro hijos -uno cada dos años- y terminar para cuando yo cumpliera 30 años. Ese era el plan, pero cuando intentamos tener el tercero, nos preguntamos si podríamos volver a quedarnos embarazados. Nos habíamos quedado embarazados de Caitlyn y Karissa con bastante facilidad, pero me preocupé cuando intentamos quedarnos embarazados por tercera vez sin resultados.

Me sentí aliviada cuando una prueba de embarazo dio positivo. Pero al cabo de un mes, perdí al bebé. Me quedé completamente destrozada. Se me pasaron por la cabeza tantas preguntas sobre qué podría haber hecho mal, si volvería a concebir, si algo en mi sistema reproductivo estaba mal . . . Las interminables preguntas me estresaron mucho. Pasaron los meses y nada, ningún embarazo. José fue fuerte y fiel. Me dijo que me relajara, que me la tomara con calma y que lo dejara en manos de Dios.

Pero mi plan se escurría rápidamente entre mis dedos como la arena. Cuanto más intentaba aferrarme a él, más se me escapaba. Convencí a José para que me llevara al médico. Básicamente me repitió todo lo que José me había dicho: tómalo con calma, relájate y, para mi sorpresa, incluso me dijo que lo dejara en manos de Dios. Oré, agradecí a Dios por las dos preciosas niñas que ya tenía, reconocí en mi corazón que Él sabía lo que era mejor para mí, y sentí que aflojaba ese agarre y lo dejaba en Sus manos.

Unos meses más tarde, durante las Navidades, nos enteramos que estábamos esperando un hijo. Habíamos decidido averiguar el sexo de nuestro primer bebé porque queríamos asegurarnos de tener todo lo que necesitaria. Con el segundo, queríamos que fuera una sorpresa. Creíamos secretamente que sería nuestro niño, y luego tuvimos nuestra segunda niña. Con el siguiente bebé, decidimos averiguar el sexo por si acaso era un niño. Nos enteramos de que íbamos a tener nuestra tercera niña.

Estábamos sorprendidos y un poco incrédulos por las probabilidades de tener otra niña. Preocupados por la posibilidad de no poder tener otro hijo por lo que nos costó tener éste, la llamamos Joscelyn Analei. Joscelyn es el nombre de su padre; insertamos una "c" para evitar cualquier pronunciación errónea por parte de nuestros familiares hispanohablantes, que podrían interpretar su nombre como "pequeña mujer José". Incluimos "lyn" en la ortografía de su nombre para honrar a su hermana Caitlyn. Analei no sólo lleva Ann, mi segundo nombre, sino que también es el segundo nombre de Karissa cambiado. Nació el 2 de septiembre de

2003. Cuando la colocaba en su cuna, me miraba con sus enormes ojos y juraba que mi preciosa bebita veía directamente en mi alma.

Siempre riendo, sonriendo y abrazando a todos los que la rodean, llamo a Joscelyn mi Espíritu porque la veo observar y aprender de los que la rodean. Es capaz de aprender y captar cosas simplemente observando. A los cinco años lo que más destacaba era su deseo de ayudar en cualquier cosa con tal de estar cerca de la gente y trabajar. Trabaja con todo su corazón y su fuerza, sin quejarse nunca de la tarea que tiene entre manos. Simplemente disfruta haciendo algo con y para alguien. Esto no es demasiado sorprendente si tenemos en cuenta que todos los que la veían querían abrazarla y quererla inmediatamente cuando tenía pocos meses. Todo el mundo. Una de nuestras amigas de la iglesia había abortado, y mientras su marido y yo estábamos en el ensayo del coro, ella se sentaba sosteniendo y amando a Joscelyn. Mi pequeña bebé se dejó usar por Dios para sanar un corazón herido. Haciendo honor a su nombre, que significa *"justo"*, le encanta servir, aprende rápidamente y busca que haya justicia en las vidas de los que la rodean. Ella no se enterará hasta que lea esto, pero alguien compartió conmigo recientemente que tuvo una visión de mí bailando con un vestido blanco. A mi lado estaba Joscelyn con un vestido blanco similar bailando a mi lado. Miro con emoción y anticipación para ver todo lo que Dios hará a través de ella; ya es más de lo que yo jamás he sido.

Joseph-Peter

Durante el culto de un miércoles por la noche, tuve el gran deseo de subir al altar para orar y sentarme en la presencia de Dios. Eso era algo inusual en un miércoles donde el formato era más como un estudio que un servicio de adoración. Pero el impulso era fuerte. No había nadie más allí arriba y, con cuatro meses de embarazo de nuestro cuarto y último hijo, no me resultaba precisamente fácil esconderme. Miré a mi alrededor y creí que había captado la atención de la líder de adoración, la esposa del pastor, pero luego ambas miramos hacia otro lado. Pensé: "Si canta una canción más, será mi señal para subir porque entonces sabré que tengo tiempo para orar en el altar antes de que termine el tiempo de adoración". Pero no lo hizo.

Terminamos la canción, pasamos por el estudio de esa noche, y luego sucedió algo extraño: hicieron un llamado al altar. Seguro que esa era mi señal, me preparé para subir cuando de repente José se acercó a orar. Nunca lo hacía, y como yo tenía a Joscelyn durmiendo en su asiento del coche a mi lado, sólo uno de nosotros podía subir. El servicio religioso terminó y José estaba hablando con los pastores en la parte delantera de la iglesia. Me acerqué a saludar.

La esposa de nuestro pastor me miró pensativa, empezó a decir algo y dudó. Le pregunté qué quería decirme y ella hizo una pausa mientras sus ojos empezaban a llenarse de lágrimas. Procedió a decirme que el Señor le había dicho algo durante el culto. Le había dicho ella al Señor: "Si esto viene realmente de ti, haz que Judy suba al altar," y como nunca subí, dudaba en decírmelo por si se equivocaba.

Le conté lo que había estado experimentando en mi asiento durante el culto y fue una confirmación para ella.

"El Señor me mostró que tu hijo va a ser profeta."

Me quedé boquiabierta. Me debatí entre la emoción de que después de tres niñas íbamos a tener un hijo, y la sorpresa de que el Señor usaría a mi hijo de esa manera. Ambas eran grandes noticias. Empezamos a llorar y a abrazarnos. La esposa del pastor y yo mantuvimos el mensaje de Dios entre nosotros hasta la noche de la Cena de Navidad de Líderes, la misma noche de nuestra ecografía en la que descubrimos que efectivamente íbamos a tener un hijo.

Elegir un nombre era importante y a la vez algo fácil para este pequeño varón nuestro que completaría la cuenta de Velázquez Kids. Joseph-Peter lleva el nombre de su padre y de su abuelo, los dos hombres más importantes en mi vida. José significa *"añadirá"* y Pedro significa *"roca"*.

El 5 de mayo de 2005, este niño nuestro se añadió a la alegría y el gozo de nuestra familia. Siempre está atraído con datos sorprendentemente precisos sobre la mitología griega, la ciencia y la Biblia.

Reteniendo todo lo que lee o escucha, no hay duda de que Dios está llenando su mente y su corazón en preparación para todas las cosas que este niño hará en el mundo, reflejando y proyectando el amor de Dios.

El padre de Joseph es su mayor héroe; me dice que estoy muy guapa todo el tiempo, y simplemente ama a cada una de sus hermanas. Ocupan un lugar de honor especial en su corazón.

Joseph no es sólo una parte de mí; al igual que sus hermanas, es una extensión de mí, mi hijo. Siempre quise tener un hermano para que de alguna manera el legado de Papá siguiera vivo. Dios lo sabía mejor y me dio un varón, un hijo que nació dos años antes de que Papá falleciera.

Cuando Joseph tenía cinco años, me pidió que orara por él.

"Mami, ¿puedes orar para que Dios guíe mis manos y me enseñe a tocar el piano como mi abuelo Pedro?"

Lloré.

Para cuando Pedro, mi hijo, era un adolescente, no sólo había aprendido a tocar el piano con facilidad, sino que también había compuesto algunas de sus propias canciones originales.

En su juventud, vi que todos mis hijos ya estaban siendo utilizados de manera poderosa por Dios. Estaba y sigo estando muy agradecida a Dios por haberme bendecido con mi propia familia.

"Hijo mío, no te olvides de mis enseñanzas; más bien, guarda en tu corazón mis mandamientos. Porque prolongarán tu vida muchos años y te traerán prosperidad. Que nunca te abandonen el amor y la verdad: llévalos siempre alrededor de tu cuello y escríbelos en el libro de tu corazón. Contarás con el favor de Dios y tendrás buena fama entre la gente. Confía en el Señor de todo corazón, y no en tu propia inteligencia. Reconócelo en todos tus caminos, y Él allanará tus sendas."
(Proverbios 3:1-6)

SOSTENIDA

"Mi alma se aferra a Ti; Tu mano derecha me sostiene."
Salmos 63:8 NVI

A lo largo de mi vida le pedí a Dios tres cosas:

¿Cuándo vas a curar a Papá?

¿Por qué dejaste que Papá se enfermara?

Y . . .

¿Si decides no sanarlo, podrías -por favor- dejar que Papá me hable con su voz audible antes de morir?

Dos de esas tres cosas habían sido respondidas.

La primera, *¿Cuándo sanará Dios a Papá?* se contestó en mi adolescencia con: *Cuando Él quisiera, lo haría.* Dios había prometido que sería mi papá. Y si Él sanaba a Papá, lo haría sólo de la manera en que atrajera a otros hacia Él y le diera la gloria. Esa noche no había recibido un *"sí o no"*, sino *"espera"* y una promesa de Dios de que Él sería mi Abba Padre. Yo sabia que lo más probable era que *no* sanará a Papá, pero siempre tenía la fe de que si Él quería, podía hacerlo. Estaba decidida a aferrarme a esa esperanza hasta que escuchara lo contrario.

Mi segunda pregunta fue respondida cuando tenía 27 años. *¿Por qué permitió Dios que Papá enfermara?* La respuesta: *Porque estaba dispuesto.* El amor de Dios por nosotros es insondable, y los que realmente comprenden la magnitud de Su amor por ellos mismos y por el mundo, son los que desean devolverle el amor con Sus vidas, para alcanzar a los perdidos sin importar el costo.

El 4 de enero de 2007, el año en que iba a cumplir 32 años, Dios respondió a mi tercera y última petición.

José y yo estábamos en la cama a las 11 de la noche cuando sonó el teléfono. Nadie llamaba tan tarde, excepto Mamá, y normalmente sólo lo dejaba sonar dos veces. Si no contestaba al segundo timbre y no era importante, Mamá pensaba que debía estar ocupada o dormida y colgaba sin dejar un mensaje. Esta noche, el teléfono sonó una, dos y tres veces, y luego el contestador automático contestó. Me senté para escuchar la grabación del contestador que estaba en la cocina.

A lo largo de mi vida de casada, una llamada nocturna con un mensaje significaba que Mamá estaba de camino al hospital con Papá porque algo iba mal. Los *"algo"* se habían vuelto cada vez más vitales desde 1999, cuando papá contrajo pseudomonas. Las llamadas nocturnas se estaban convirtiendo en algo más serio que una fiebre alta o un resfriado fuerte de los días de mi infancia, cuando las enfermedades de Papá no eran tan graves. Esperé a escuchar lo que decía su mensaje, sabiendo que lo más probable es que me levantara para ir a verla al hospital dependiendo de la gravedad de la situación.

No podía estar preparada para este mensaje.

"¿Judy? ¡Judy! Judy, despierta, te necesito."

Ella no gritó, pero su tono me dijo que algo estaba realmente mal.

No sólo el tono de que Papá estaba realmente enfermo. No sólo el tono de que Papá estaba muy, *muy* enfermo. Esto era *tan diferente* a todo lo que había escuchado de Mamá antes.

Salté de la cama, cogí ropa para cambiarme y bajé corriendo a coger el teléfono. La llamé al mismo tiempo que me vestía.

"¿Qué ha pasado?"

"Tienes que venir."

"¡Ya voy!"

Lo entendí sin necesidad de que me lo dijeran.

José me preguntó si quería que fuera él en mi lugar y le dije que no. No podía arriesgarme que Papá falleciera sin que yo estuviera a su lado. Además, le había pedido a Dios que Papá me hablara antes de morir. *Tenía que estar allí.*

Conduje hasta la casa de Mamá rogando y suplicando y hablando en lenguas todo el camino.

"Por favor, Dios, no dejes que muera sin que pueda despedirme. Por favor, por favor, *por favor Dios.* Tengo que verlo antes de que muera. *Por favor.*"

Repetí esto durante todo el camino, nueve minutos y medio. Había semáforos en verde durante todo el camino. Era tarde en la noche y no había nadie más en las calles probablemente causó que eso sucediera, pero también creo que Dios dejó que todos se pusieran en verde, *para mí.*

Corrí dentro de la casa hasta la habitación de Papá. Estaba pálido y frío. Mamá estaba inclinada sobre Papá en su cama de hospital acariciando suavemente su cabeza y su mejilla.

"Es la hora de que tu papá se vaya. Tienes que despedirte".

¿¡Qué!? La miré con incredulidad sabiendo que no había absolutamente nada que pudiera hacer para ralentizar el tiempo, para hacer que lo que estaba sucediendo -por muy preparada que estuviera o no- se detuviera.

Le miré a los ojos que estaban vidriosos. Sin duda era su hora de irse. Se me estrujó el corazón por haberme perdido su muerte. Yo gemí. Sin palabras, mi espíritu llegó a Dios antes de que mi mente o mi corazón pudieran hacerlo.

Y entonces vi un parpadeo. Oh tan débil *¡pero lo vi!*

Sé en mi corazón que no era mi imaginación, y sé que independientemente de la situación, si Papá había fallecido antes de que yo llegara allí o no, sé que en Su infinita misericordia, Dios permitió a Papá una última mirada a mí y yo a él antes de pasar a estar con el Señor. Esa mirada fue mía para guardarla para siempre. El Señor me permitió ver a Papá antes de que se fuera por completo. De la misma manera que cuando Joscelyn era una bebé me miraba profundamente en mi alma, capté esa misma mirada en los ojos de Papá mientras nuestras almas se conectaban en una fracción de segundo. Y luego se fue.

Le dije a Papá que lo amaba, le susurré al oído que había sido mi héroe silencioso todos esos 32 años, le agradecí todo lo que había hecho por nosotros, conocidos y desconocidos, y le besé la mejilla por última vez.

Llamé a José y le pedí que trajera a nuestros hijos para que pudieran despedirse de su abuelo.

El día del entierro de Papá, me senté allí sabiendo que *todo* se había ido. *Todo*. Ninguna esperanza de que Dios sanara a Papá, ninguna esperanza de que Papá me dijera palabras antes de morir. *Nada*.

No tenía *nada* y me senté allí, aceptando una vez más que Dios hizo lo que quiso. Entendiera o no lo que hacía, sabía que me amaba. Sabía que todo lo que hacía era justo y correcto, equitativo y siempre con *amor*. Sabía que no debía quejarme, así que acepté todo con entumecimiento.

Hay una diferencia entre aceptar con gratitud lo que Dios hace en nuestra vida *o* aceptarlo entumecidamente. Puede que estuviera adormecida por el propio mecanismo de defensa de mi mente ante el estrés que siguió a la noche en que perdí a Papá hasta su entierro, pero independientemente de la causa de mi adormecimiento, me había rendido.

Mi esperanza, *perdida*.

La imagen de mí junto a Papá aquella noche en Angeles Temple -valiente, fuerte y esperanzada- atormentaba mi mente. Mi corazón estaba turbado por aquella niña que creyó tanto, soportó tanto y al final no consiguió nada. En el silencio del final del servicio fúnebre, mientras esperábamos que el tractor trajera tierra para cubrir el ataúd de Papá, lloré por *esa* niña.

¿Dónde estaba? No podía sentirla. Se había ido al fondo de mi corazón, *demasiada devastada* para unirse a mí en el duelo. *Demasiada lejos* para unirse a mí en la sanidad. No podía llegar a ella y en mi propio entumecimiento, dejé que se alejara . . . protegida en el abismo de mi alma que yo había

creado donde mi corazón escondía fracciones de mí para que no sintieran dolor

"¿Alguien quiere decir algo?" mi Tío Luis rompió el silencio.

Nadie dijo nada.

Me sentí horrible porque no tenía nada que decir, y tampoco nadie más. Nadie tenía nada que decir sobre Papá como persona, excepto los que lo conocían *antes* de que se enfermara, y no podían decir nada por el dolor.

Finalmente, Tia Gladys se adelantó. *Qué alivio.* Era propio de ella aliviar una situación incómoda. En nombre de la Familia Perez, le dedicó unas palabras amables a Mamá por haber cuidado tan bien de Papá durante treinta y dos años.

Luego se volvió hacia mí, me miró a los ojos y dijo:

"Judy, si tu padre pudiera hablarte, querría que supieras . . . "

Tía Gladys comenzó a compartir las palabras que mi corazón anhelaba escuchar y que mi mente nunca habría podido articular por sí sola: *Papá me quería.* Papá estaría muy orgulloso de la mujer en la que me había convertido, querría a José como a su propio hijo y simplemente adoraría a los cuatro nietos que le había dado. Querría que yo supiera que él sabía que había sido valiente a través de todo y que, incluso en mis fracasos, mi tenacidad para aferrarme a Dios sin importar lo que pasara era el deseo de su corazón. Papá quería que yo supiera que me echaría de menos durante un tiempo, pero que se reuniría conmigo un día en el Cielo.

Esa era la promesa y la recompensa de Dios por estos últimos 32 años.

Me senté allí asombrada por la misericordia de Dios hacia una niña que no lo merecía y que no merecía nada en la vida. Ya se me había dado el máximo regalo de tener a Su Hijo, Jesucristo, morir en la cruz para la redención de mis pecados. La vida eterna ya era más de lo que merecía, y sin embargo, en 32 años también había experimentado a Dios como mi Abba Padre de una manera que muchas personas nunca experimentan.

En humilde gratitud, comprendí en mi espíritu que Dios me estaba dando mi última petición de escuchar a Papá. No en la forma que yo había pedido o imaginado. No a través de los propios labios de Papá, sino a través de los labios de la hermana de Papá, que había sido una fuente constante de identidad para el lado de la familia de Papá, la otra mitad de mí, el vínculo entre mi presente y mi pasado.

En su sincera obediencia al Señor, Tia Gladys se dejó usar por Dios para ser la voz de mi propio padre, *audible*. Mi propio deseo, *respondido*. A la manera de Dios. Su manera *perfecta*. Sus palabras serían el bálsamo sanador para el tormento de mi mente, la devastación de mi corazón, el lamento de mi alma, ¡pero la recompensa de mi espíritu!

Me gustaría decir que era una fortaleza de fuerza y esperanza, que estaba llena de alegría porque Papá ya no sufría en su cuerpo terrenal, que le echaría de menos pero que sabía que era libre en el Cielo. Me gustaría poder decir que estaba triste pero que podía mirar con anticipación el día en que nos reuniríamos y podría conocer a Papá por primera vez . . . No lo estaba. Estaba *perdida*. No podía entender lo que estaba pasando. *¿Cómo podía terminar todo?* No hubo avisos, ni señales de una enfermedad que le causara la muerte, y todo era un tornado de confusión. A lo largo de esos 32 años, Papá estaba tan sano que los médicos decían que podría vivir hasta los ochenta años.

Me arrodillé en la tierra fría junto a su ataúd, anhelando un último *algo* antes de que su cuerpo fuera bajado a la tierra para no volver a ser visto. Lo perdí por completo.

Se fue.

Papá ya no existía. Simplemente se había ido y se llevó con él *todo*. Mi historia. Mi vida. Todo eso, *completamente desaparecido*. Todo ello, simplemente se había ido.

Alguien me levantó de donde estaba arrodillada y puse mi rosa blanca encima del ataúd. Eché una última mirada por encima del hombro mientras oía el ruido de las cadenas que preparaban el descenso del ataúd. No recuerdo si estuve allí mientras bajaban el ataúd o no. Sé que habría querido mirar hasta que se colocara el último montículo de tierra sobre él, pero me quedé entumecida y no tengo ningún recuerdo.

Natalie Grant tiene una canción conmovedora titulada *"Held"*. Estas son algunas de las letras:

¿Quién nos dijo que seríamos rescatados?
¿Qué ha cambiado y por qué debemos ser salvados de las pesadillas?
Nos preguntamos por qué nos pasa esto
¿A nosotros que hemos muerto para vivir?
Es injusto

Esto es lo que significa ser *sostenido*
Lo que se siente cuando lo sagrado es arrancado de tu vida
Y sobrevives
Esto es lo que significa ser *amado*
Y saber que la promesa fue
Cuando todo cayera, seríamos sostenidos

Esta mano de la amargura
Queremos probarla, dejar que el odio adormezca nuestra pena
Las manos sabias se abren lentamente a los lirios del valle y al mañana

Si la esperanza nace del sufrimiento
Si esto es sólo el principio
¿No podemos esperar una hora velando con nuestro Salvador?

Esto es lo que significa ser sostenido
Lo que se siente cuando lo sagrado es arrancado de tu vida
Y sobrevives
Esto es lo que significa ser amada
Y saber que la promesa fue
Cuando todo cayera, seríamos sostenidos

Mientras me alejaba del lugar del entierro, *lo sentí*. Sólo supe, cuando empezó a suceder, que lo sentía. A través del entumecimiento. A través del dolor. Estaba *allí*. Lentamente, firmemente, y de forma segura. Y con destellos del familiar Amor Divino que había sentido a lo largo de los 32 años, casi imperceptible pero inequívocamente *allí*. Mi espíritu dio testimonio de todo ello una vez más. El amor de Dios me envolvía, lo quisiera yo o no. El amor de Dios se tejía dentro, alrededor y a través de mí. Alrededor de mi cuerpo. Alrededor de mi mente. Alrededor de mi alma. Alrededor de mi corazón.

Me entregué entumecidamente al proceso.

Entré en la crisálida *una vez más* . . . sintiendo ya la sensación rezumante de estar licuada en la nada del proceso de "transformación" . . . Era consciente de que estaba *sostenida*. Incluso si todo de mí, excepto mi espíritu, estaba destruido, sabía que estaba sostenida. *Abba me sostenía.* Apreciaba estar *escondida* en esa crisálida ya que el dolor de ser *visto* por el mundo que me rodeaba era demasiado insoportable

> *"Fuera de Ti, desde tiempos antiguos nadie ha escuchado ni percibido,*
> *ni ojo alguno ha visto, a un Dios que, como Tú, actúe en favor de quienes*
> *en Él confían. Sales al encuentro de los que, alegres, practican la justicia*
> *y recuerdan Tus caminos. A pesar de todo, Señor, Tú eres nuestro Padre; nosotros*
> *somos el barro, y Tú el alfarero. Todos somos obra de Tu mano."*
> (Isaías 64:3-5, 8 NVI)

Capítulo Doce

CUANDO SEA LEVANTADO

*"Pero Yo, cuando sea levantado de la tierra,
atraeré a todos a Mí mismo."*
Juan 12:32 NVI

Mis dos padres eran músicos, pero de alguna manera el talento se me escapó. Puedo sostener una nota, pero no puedo cantar de verdad, y esos años de lecciones de piano no valieron la pena. En absoluto. En cualquier caso, la música sigue dentro de mí y siempre ha sido una parte importante de mi vida, especialmente las canciones que parecían sonar durante las épocas más cruciales de mi vida.

Tal vez sea porque vivía a través de la familia Von Trapp de sonrisas y lágrimas, que sonaba una y otra vez en mi casa desde la infancia hasta hoy. Vi a los seis niños aprender el do-re-mi y cómo correr a las colinas para girar y cantar de la hermosa Fraulein Maria. Aprendí que tus problemas podían arreglarse cantando sobre algunas de tus cosas favoritas, y que cuando lo hacías, no te sentías tan mal.

También me llevé de los musicales que "en algún lugar sobre el arco iris", la vida era en tecnicolor, como se suponía que debía ser y te dabas cuenta de que todo lo que necesitabas se resolvía en el simple hecho de que "no hay lugar como el hogar".

Ver a Annie, extrañamente, hizo que la enfermedad de Papá fuera mucho más soportable. Saber que una niña huérfana, rodeada de gente horrible, podía ser amada y cambiar el mundo a su alrededor me conmovió. El anhelo de Annie de recibir el amor de unos padres desconocidos, de defenderse de los matones y de tener la esperanza de que "el sol saldrá mañana" hizo que las mañanas de mi propia vida fueran algo en lo que pudiera creer.

Hay dos canciones que sonaban constantemente en los días de mi infancia. Era como si hubieran sido escritas mientras se desarrollaba mi vida temprana, sabiendo de alguna manera lo que Mamá y yo estábamos pasando.

"You and Me Against the World", de Helen Reddy, era nuestro himno. Éramos sólo nosotras dos contra todo pronóstico, contra lo que la norma cultural establecía que debíamos ser y cómo debíamos actuar. Como madre soltera, joven e hispana con una hija "sin padre", deberíamos haber enfrentado problemas insuperables, y sin embargo ahí estábamos, derribando los estándares de la sociedad mientras nuestra relación con Dios nos demostraba que éramos capaces de elevarnos por encima de todo. Sentíamos que Dios nos levantaba fielmente por encima de la tormenta una y otra vez.

Aunque Mamá cantaba "Best Thing That Ever Happened To Me", de Gladys Knight & The Pips, en referencia a mí, la canción podría haber sido escrita por mí para *ella*. No puedo imaginarme si hubiera tenido una madre que eligiera dejar a su marido enfermo sin darme la oportunidad de tener una relación tangible con Papá, por muy limitada que fuera. ¿Y si no me hubiera enseñado a ser fuerte en el Señor y a confiar en Él en todo momento? ¿Y si no hubiera elegido luchar con el Señor a su lado?

Mamá siempre ha sido fuerte a mis ojos. Rita López era la quinta hija de siete, nacida de trabajadores migrantes que seguían las cosechas estacionales a lo largo del sur y centro de California. Trabajar en los campos a la edad de cinco años entre sus dos hermanos le enseñó a ser fuerte y a tener una ética de trabajo sobresaliente. Siendo una de cinco niñas, Mamá aprendió a valerse por sí misma sin dejar de ver la belleza en los demás. Crecer en el plan de Dios la llevó a amarlo como pocos llegarían a comprender.

Viviendo fuerte y amando aún más fuerte, Mamá siempre encontró fuerza y alegría en el Señor. Se apoyó fuertemente en Él para obtener Su gracia divina, Su misericordia y Su guía mientras recorría el camino preparado para ella. Dios sería su esposo, y mientras caminaba con Él, mantenía la cabeza alta con una fe inquebrantable. Hubo momentos en los que las cosas eran muy difíciles -a veces francamente insoportables- pero los continuos recordatorios de Dios la sostenían una y otra vez.

Mamá fue y es constantemente un testimonio vivo de la grandeza de Dios en las vidas de aquellos que confían en Él en todo momento y para todas las cosas. Gracias a su propio ejemplo de confiar en que Dios la levanta, y nos levanta a nosotros por encima de nuestras situaciones, he podido sobrellevar momentos extremadamente difíciles a lo largo de mi propia vida. Ella es "lo mejor que me ha pasado", como canta Gladys Knight.

Si alguien mencionara un momento específico de mi vida, podría decir dónde me encontró Dios y qué canción me estaba ministrando en ese momento. Como si se tratara de un musical de la vida real, hay canciones que han sonado a propósito en la banda sonora de mi vida. Canciones que hablan a todo mi ser, poniéndome de rodillas en alabanza a Dios por todo lo que es, ha hecho y hará.

No es de extrañar que semanas después del funeral de Papá, semanas después de quedarme en casa de Mamá para que no estuviera sola, semanas después de ser valiente, de aguantar todo para que los demás vieran que estaba bien . . . Semanas de volver a luchar contra las normas culturales que me decían que debía estar enfadada con Dios y rabiar contra Él por el "mal" que nos había concedido a Mamá y a mí durante 32 años . . . Una nueva banda sonora empezó a sonar.

Volví a nuestra casa con José y los niños, agotada y todavía muy adormecida por la vida surrealista que había vivido y las pruebas de esas últimas semanas. Ante la nueva sensación de inmensidad de lo que sería el resto de mi vida ahora que de seguro Dios nunca iba a curar a Papá, subí a mi habitación.

"Sólo necesito un tiempo para mí." Fingí que estaba bien lo mejor que pude.

No lo supe hasta más tarde, pero mi pequeña familia de cinco personas oró y luchó y guerreó abajo en la sala en mi nombre. Testimonio de que el legado de la fe y fuerza en Dios continuaba desde mis antepasados hasta mis propios hijos.

En silencio, cerré la puerta de nuestra recámara, sintonicé nuestra estación de radio cristiana local para ahogar el sonido, y me derrumbé en el piso en un montón de miseria, dolor y conmoción. Dejé que mi corazón y mi mente se imaginaran arrastrándose en el regazo de mi Abba Padre, colocando mi cabeza en Su pecho. Esperé esa sensación familiar de Sus brazos envolviéndome, y lloré como nunca antes lo había hecho.

Así mismo, la canción perfecta para ese momento comenzó a sonar en la radio: "Came To My Rescue" de Hillsong:

> Cayendo de rodillas en adoración
> Te doy todo lo que soy buscando Tu rostro
> Señor todo lo que soy Tuyo es
> Mi vida entera
> Pongo en Tus manos
> Dios misericordioso
> Humillado me arrodillo
> En Tu presencia delante de Tu trono
> Yo llamé y Tú respondiste
> Viniste a rescatarme y yo
> Yo quiero estar donde Tú estás
> En mi vida . . . Exaltado seas
> En nuestro mundo . . . Exaltado seas
> En nuestro amor . . . Exaltado seas

Casi inmediatamente después de que el forense se llevara el cuerpo de Papá la noche en que falleció, Mamá cerró la puerta de su habitación, manteniendo al mundo entero fuera -incluso a los que estábamos allí en la casa- y adoró a Dios.

Yo la oí. Adoró y lloró y alabó y habló en lenguas y se lamentó y gimió. Luego, adoró un poco más. Fue la cosa *más poderosa* que jamás había escuchado, la cosa más tierna y empoderamiento de toda mi vida. La muerte de Papá estaba destrozando a Mamá; sin embargo, mientras que ella Le adoraba, oí que el Señor la recomponía misericordiosamente.

Así que cuando yo llegué a casa, cerré la puerta. Cerré el mundo entero, adoré y me encontré con Dios en mi habitación. Y lo que es más importante, *Él* se reunió conmigo.

A lo largo de la enfermedad de Papá, vi destellos del valle de la sombra de la muerte. Vi cómo sufría convulsiones, cómo se le caía la sonda gástrica y cómo el ácido estomacal le quemaba la carne, cómo llamaba al 911 en sexto grado mientras la central me preguntaba si realmente sabía lo que era la meningitis espinal y la incredulidad en su voz de que Papá hubiera estado en coma durante tanto tiempo. Durante meses, en el instituto, hice los deberes en la habitación de Papá en el hospital para defenderlo si las enfermeras o los médicos intentaban hacer algo que yo consideraba cuestionable sin el consentimiento de Mamá. He estado cerca de la muerte y, sin embargo, Dios estaba más cerca cada ves.

"Los guerreros de Israel desaparecieron; desaparecieron hasta que yo me levanté. ¡Yo, Débora, me levanté como una madre en Israel!"
(Jueces 5:7 NVI)

Había pasado 32 años completamente consciente de que todo lo que era, era gracias a Dios y al ejemplo que mis dos padres me habían mostrado a su manera. Mamá era un personaje bíblico vivido en persona para que yo aprendiera de él. En la palabra de Dios, la profeta Débora estuvo al lado de un hombre que no pudo -y no quiso- luchar sin ella.

Débora participó voluntariamente en una batalla que no era originalmente suya. Del mismo modo, cuando Dios llevó a Mamá por caminos que iban en contra de las normas culturales, ella sabía que sólo Dios la ayudaría a obtener la victoria. Mamá tiene la sabiduría y la fuerza de Débora, la belleza y la gracia de Ester "para un momento como éste", el trabajo duro y la resistencia de Marta, y el corazón que espera y escucha de María. De cualquier manera, ella utiliza todos sus dones y talentos para Dios. Hay muchas grandes mujeres en este mundo y en la palabra de Dios, pero ninguna se compara con Mamá.

Esa niña que recogía fresas a la edad de cinco años, llevaba ropa usada de sus tres hermanas mayores y se esforzaba por terminar el año escolar porque su familia tenía que viajar por trabajo . . .

Esa adolescente que comprometió su vida con Dios y Su Palabra, que obedeció el llamado para ir al instituto bíblico ...

Aquella joven novia que a los 24 años tuvo en sus manos la vida, o la muerte, de su marido y dedicó su vida a cuidarlo en casa con su hija . . .

La hermosa y fuerte pastora, abuela de mis hijos, y amiga de mi corazón . . .

Esa mujer es mi héroe y es mi Mamá. Soy quien soy hoy gracias a quien es ella, a quien tuvo que ser.

A través del vaciamiento de la vida de mis dos padres, aprendí a confiar en Dios. Ya sea que Él eligiera quitarles la vida a ellos o a mí, supe que sólo en Su rostro había amor, paz, misericordia y gracia.

La noche en que Dios prometió ser mi padre, le entregué todo a Él en completa rendición. Todo en mi vida era Suyo para que lo hiciera como mejor le pareciera. Caminé con total fe en que Dios es amor, y desde la abundancia de Su amor, mi dolor podía serle confiado. De entre el torbellino de amor y dolor podía surgir una resolución de alabanza.

Verdaderamente no había otra opción para mí que poner toda mi vida en las manos de Dios. Él me había demostrado una y otra vez que en sus manos era donde debía permanecer si quería sobrevivir y prosperar. En Sus manos era el lugar más seguro para mí. Había momentos en los que Sus manos se abrían para que yo viera el mundo y para que el mundo me viera a mí, y otros en los que Él cerraba Sus manos sobre mí para protegerme de aquellas cosas que estaban en el exterior y que intentaban eliminarme.

Me siento humilde de que Dios siquiera me mire, y mucho menos me use o interactúa conmigo. Y sigue haciéndolo. Mi respuesta es inclinarme ante Él, no en humillación sino en pura adoración. La sumisión a Él no es la renuncia a lo que soy, sino el reconocimiento de que Él desea que yo sea mucho más de lo que soy actualmente.

Dios nos levanta de nuestras situaciones desesperadas para que nosotros a Su vez podamos levantarlo a Él para que otros vean Su gracia salvadora y a Su vez sean salvados.

"Pero Yo, cuando sea levantado de la tierra, atraeré a todos a Mí mismo."
(Juan 12:32 NVI)

Mis padres, Rita y Peter, el día de su boda el 9 de junio de 1973

Mis padres, embarazados de mí en 1975

Mamá, Papá y Yo en abril de 1975
Tenía tres semanas

Papá y Yo cuando tenía dos meses y medio

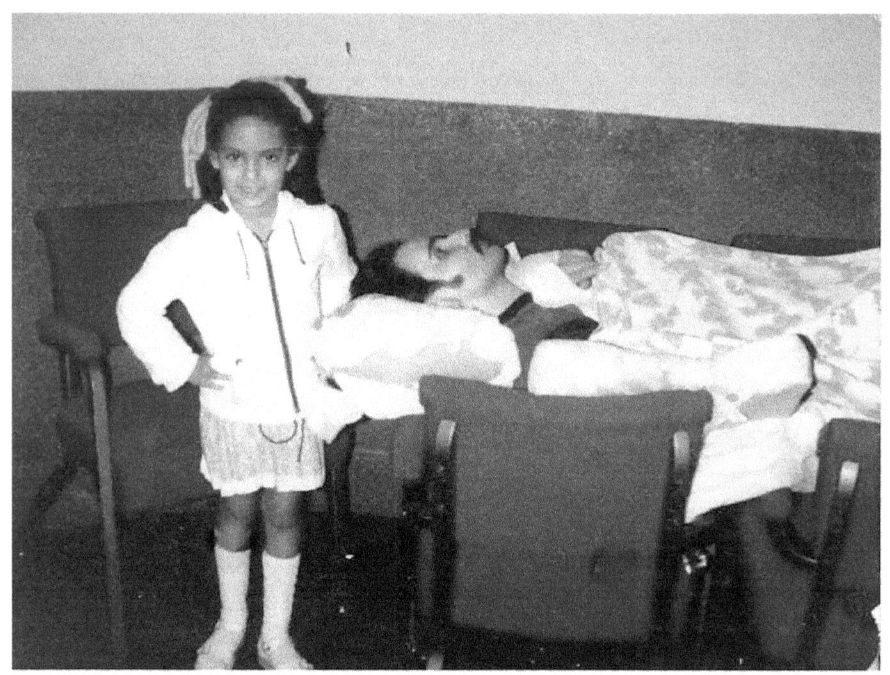

Papá y Yo en el servicio de oración y sanidad en el Angeles Temple en octubre de 1980

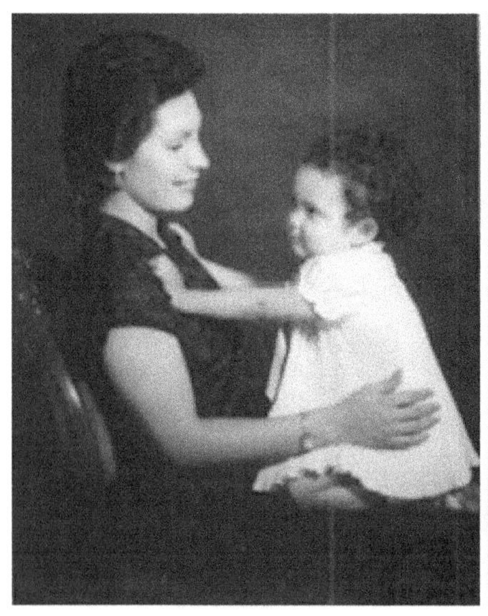

Mamá y Yo, 1976

Yo en mi quinceañera con Mamá, 1990

LABI College, 1993
Estoy en el centro del frente y José está directamente arriba de donde estoy en la fila superior

LABI College Board of Trustees. Serví desde 2015-2021

Yo en el Campamento de las Missionettes en junio de 1989

*Predicando en el Campamento del Girl's Ministries
(antes Campamento de Missionettes) en julio de 2019*

La Familia López
Fila de atrás: Rosie, Tina, Tony, Linda, Martha, Rita (Mamá)
Fila de adelante: Basil Jr., Rosario (Rosie), Basilio (Basil)

La Familia Pérez
Fila de atrás: Judy, Rita, Carlos Sr., Peter Sr., Gladys, Rick, Olvido, Barbara, Ruben
Fila de adelante: Julianka, Naomi, Lucinda, Jasmine, Leticia , Jeremy, Israel, Carlos Jr.

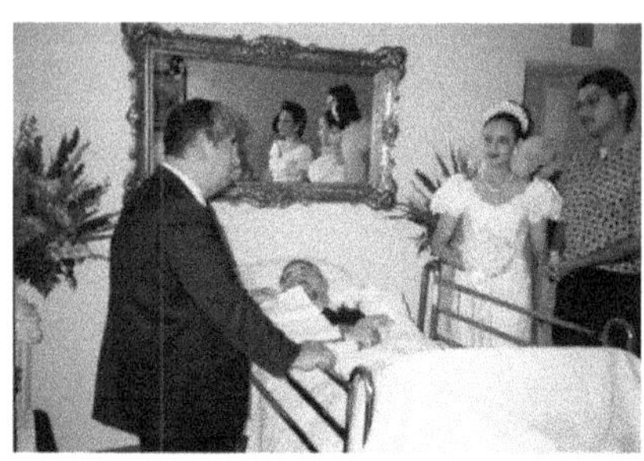

Nuestra ceremonia de boda con
Papá el 24 de mayo de 1997

Mamá acompañandome en mi boda

Nuestra Boda en Grand Tradition, Fallbrook el 24 de mayo de 1997

Los Seis Velázquez:
José, Yo, Caitlyn, Karissa, Joscelyn y Joseph

Mayo de 2006

Noviembre de 2009 *Febrero de 2019*

Lanzamiento de CityWide Mosaic en Temecula el 12 de enero de 2020

Nuestro Vigésimo Quinto Aniversario en mayo de 2022
Desde la izquierda: Joscelyn, Caitlyn, Yo, José, Karissa y Joseph

La Boda de Caitlyn y Sal en diciembre de 2020
De izquierda a derecha: Joseph, José, Joscelyn, Yo, Karissa, Caitlyn y Sal

Vacaciones en Hawaii en agosto de 2021

ETAPA DE LA IMAGO

El día antes de que la mariposa emerja, las enzimas debilitan la crisálida, haciéndola frágil y quebradiza. En este momento sus alas son más blandas que la seda y todavía son muy pequeñas. Su cuerpo graso se llena de líquido que se bombea a las finísimas venas de sus alas. En sólo diez minutos, las alas alcanzan su tamaño completo. Todavía están muy blandas y necesitan de dos a tres horas para endurecerse. Entonces las alas salen de la crisálida, seguidas del cuerpo de la mariposa en cuestión de segundos. Este es el único momento en que la mariposa crece, y todo termina en 15 minutos. La emergencia de la mariposa se llama "eclosión". En biología, la *imago* o "imagen" es el último estadio que alcanza un insecto durante su metamorfosis, su proceso de crecimiento y desarrollo. También se denomina etapa imaginal, la etapa en la que el insecto alcanza la madurez.

Capítulo Trece

DELÉITATE EN EL SEÑOR

"Deléitate en el Señor, y Él te concederá los deseos de tu corazón."
Salmos 37:4 NVI

Era la Nochebuena de 2008 y estábamos en casa después de la iglesia. Habíamos sacado los colchones de nuestras camas y los habíamos puesto en la sala de estar. Planeamos quedarnos hasta la medianoche de la mañana de Navidad para que los niños pudieran abrir sus regalos. José puso un fuego en la chimenea y encendimos las luces del árbol de Navidad. Habíamos alquilado ocho películas de Navidad para verlas durante nuestro largo descanso navideño y, con las golosinas caseras en la mano, nos preparamos para ver películas hasta que llegara la hora de abrir los regalos.

Algo era diferente este año. Habíamos sobrevivido a todas las "primicias" que llegaron a lo largo de nuestro primer año sin Papá. Habíamos comprado una nueva casa más cerca del trabajo de José, donde podíamos empezar a construir nuestro propio patrimonio. El Día de Acción de Gracias había pasado volando. La temporada de vacaciones había pasado rápidamente. No sentía el estrés de cocinar como lo había hecho años atrás. Había mantenido mis tradiciones, pero este año no había sido importante para mí hacer toda la comida de Acción de Gracias desde cero, y en lugar de los ocho postres caseros habituales, sólo hice cinco. No era "perfecto" pero lo era. Los días siguientes a los días de Acción de Gracias pasaron volando mientras me preparaba para la celebración de Navidad de nuestras mujeres. Una vez más, no sentí estrés. Había un nivel de adrenalina mientras me preparaba para el evento, pero estaba trabajando con un equipo de mujeres tan impresionante que no me sentía estresada.

Mis dos hijas mayores, Caitlyn y Karissa, participaron en la carroza de nuestra iglesia en el desfile local. Como estaba trabajando en todo lo demás, dejé para última hora la preparación del traje hawaiano de Karissa. Me costó mucho trabajo el concepto. ¿Cómo puede una niña de siete años vestirse de Hawaiana en pleno invierno, por la noche, con un frío glacial, en una carroza que viaja a poco más de tres kilómetros por hora?

Sabía que sería una noche demasiado larga para que llevara la vestimenta tradicional. Opté por una tela de estampado hawaiano envolvente que me había prestado una amiga, junto con ropa térmica, sudaderas y cinco camisetas debajo. Me excedí con las flores de lei, pensando que cuantos más mejor para mantener su garganta y su pecho calientes. Con la misma idea en mente, le añadí también un ramo de flores en la cabeza. Caitlyn estaba igual de abrigada, pero su traje de España ocultaba las capas de ropa que llevaba.

Una vez más, me sentí libre de estrés mientras mis hijas se vestían. Pusimos en marcha la carroza y nos sentamos a saludar y animar a nuestra iglesia. No tenía ningún deseo de volver al santuario y preparar las cosas para el día siguiente. Nuestro evento de mujeres fue maravilloso, y nos quedamos en la ciudad para el servicio de la noche.

Las niñas eran lo suficientemente mayores como para conocer el valor del dinero, así que les di a cada una 30 dólares para que los gastaran en regalos de Navidad para sus hermanos. Fue muy divertido verlas. Unas cuantas veces hubo que restablecer el elemento sorpresa cuando una le preguntaba a la otra: "¿Esto es lo que te gustaría para Navidad?"

Me aseguré de que mis hijas compraran algo que sus hermanos no supieran que iban a recibir.

Así que aquí estábamos, arropados alrededor de nuestro hermoso árbol de Navidad con planes de ver películas toda la noche y abrir los regalos a las 12:01 de la mañana de Navidad. Pero a las 11:45 p.m., casi todos estaban dormidos. Metí a Joseph, que tenía tres años, en su cama y le dije que cerrara los ojos. En pocos minutos, estaba dormido. Caitlyn y yo nos miramos, las únicas dos despiertas.

"¿Debemos despertar a todos?" preguntó ella.

Le dije que probablemente sería más agradable para todos si dormíamos toda la noche y abríamos los regalos por la mañana. Como nunca está demasiada cansada para una celebración, no se alegró mucho de posponer los festejos, pero enseguida comprendió que ella también estaba cansada.

La cogí a ella -mi primogénita de nueve años- y le conté la historia que había oído muchas veces de cómo su padre y yo habíamos anunciado que esperábamos nuestro primer bebé diez años antes. En la víspera de Navidad de 1998, decoré una pequeña bolsa con calcomanías de bebé planchadas y pintura hinchada que decía: "Llueva o truene, me quedaré en casa de la abuela cuando quiera." La llené con artículos de bebé de tamaño de viaje y la envolví para Navidad.

Durante nuestra reunión familiar anual con la parte de la familia de Mamá, todos repartimos los regalos. Mamá recibió mi caja sin marcar. Según la tradición de nuestra familia, abrimos los regalos de menor a mayor. Miré de reojo el regalo que había en el regazo de Mamá, sabiendo que se llevaría la mayor sorpresa de su vida.

Cuando abrió su regalo, preguntó de quién era. Nadie dijo nada porque nadie sabía quién se lo había dado. Leyó el exterior, miró el contenido del interior y miró a su alrededor con una sonrisa mientras intentaba determinar quién era el dador del extraño regalo. Mi prima Marina fue inmediatamente interrogada porque tenía el menor de los bisnietos, pero confesó que no era de ella.

Tras un rato de incomodidad, estallé: "¡Es de mi parte!"

Todos se volvieron y me miraron con la mirada perdida.

Lo volví a decir. "¡*Estoy embarazada*!"

El grupo se rió, asumiendo que estaba bromeando. José y yo sólo llevábamos un año y medio casados, así que nadie se imaginaba que fuera verdad. No era exactamente la respuesta que yo esperaba. Estando embarazada y con las hormonas a flor de piel, empecé a llorar.

Finalmente, Marina gritó: "¡Chicos, creo que va en serio! ¿Estás embarazada, Judy?"

Me puse de pie en medio de la sala de estar sobre todo el desorden de papel de regalo y dije: "*Sí*, no estoy bromeando. Estoy *realmente* embarazada. Voy a tener un bebé."

Mamá parecía sorprendida, Nana parecía confundida y mis primos y tías vinieron corriendo hacia mí, abrazándome y llorando. Mamá se levantó de un salto y me dio un gran abrazo y un beso y me dijo lo orgullosa que estaba de mí.

"Es el mejor regalo de Navidad", me dijo.

Nana, todavía confundida, le preguntó qué pasaba. Mamá se lo volvió a decir en *spanglish*, el idioma de nuestra familia de quinta generación.

"¡Mamá, Judy va a tener un *baby*!"

Nana empezó a llorar y me abrazó. Saber que José y yo estábamos empezando oficialmente nuestra familia fue el mejor regalo de Navidad.

Diez años más tarde, me encontraba sosteniendo a mi primogénita, disfrutando de la sensación de que la vida se estaba equilibrando después del horrible año anterior que había vivido. Por fin veía la luz que salía de la crisálida en la que había estado.

Caitlyn se puso en su sitio en el piso de la sala y se quedó dormida. Me levanté, me aseguré de que todas las puertas de nuestra casa estuvieran cerradas y empecé a apagar las luces que habían quedado encendidas. Mientras lo hacía, miré a mi alrededor la pequeña casa que habíamos comprado hacía apenas seis meses. Era del tamaño adecuado, tenía una piscina y la habíamos decorado y ajardinado como siempre habíamos querido. Apagué todas las luces, excepto el árbol de Navidad, y me detuve en medio de mi casa para asimilarlo todo.

De repente, *¡me di cuenta!* Cuando era pequeña, no podíamos tener un árbol de Navidad de verdad porque sería peligroso para Papá si se incendia de fuego y no estábamos en casa. Eso también significaba que no había chimenea encendida. Como niña con afinidad por las películas navideñas que incluían tradiciones familiares que yo no conocía, cogía mi manta y mi almohada, la colocaba bajo el falso árbol de Navidad rociado con spray con olor a pino, y me dormía hipnotizada por las luces del árbol. Sola.

Pero esta Navidad fue diferente. Me quedé allí mientras el Espíritu Santo me abría los ojos a la chimenea crepitante, a nuestro árbol de Navidad de *verdad* y a la familia que había querido tener de pequeña. La familia que había soñado -con el papá, la mamá y los niños celebrando juntos- era ahora la mía. Mis sueños, mis deseos no habían sido olvidados a lo largo de mi vida. Mi Abba Padre lo sabía, *se acordaba*. No había sido olvidada ni abandonada. El precio que creía haber pagado al "aceptar" mi situación en la vida se me devolvía por encima de lo que había esperado en la familia que *ahora* tenía.

"Por eso, Dios nuestro, Te damos gracias, y a Tu glorioso nombre tributamos alabanzas. Pero ¿quién soy yo, y quién es mi pueblo, para que podamos darte estas ofrendas voluntarias? En verdad, Tú eres el dueño de todo, y lo que Te hemos dado, de Ti lo hemos recibido."
(1 Crónicas 29:13-14 NVI)

A lo largo de mi vida, siempre he visto que Dios me concedía el favor de los que me rodeaban. Me gustaba pensar que como mi Abba Padre Él siempre me daba lo mejor. Cuando miro a mi familia, sé sin lugar a dudas que Dios me ha dado lo mejor. *Lo sé.* Lo siento.

Todo lo que mi corazón había deseado a lo largo de mi vida se cumplió en ese momento de la Nochebuena. Dios, mi Abba Padre, siguió cumpliendo Su promesa de proveerme como lo haría un padre, incluyendo esta pequeña familia mía, *¡Los seis Velázquez!*

"Deléitate en el Señor, y Él te concederá los deseos de tu corazón. Encomienda al Señor tu camino; confía en Él, y Él actuará. Hará

que tu justicia resplandezca como el alba; tu justa causa, como
el sol de mediodía."
(Salmo 37:4-6 NVI)

Capítulo Catorce

EN SU CRISÁLIDA

"Por lo tanto, si alguno está en Cristo, es una nueva creación.
¡Lo viejo ha pasado, ha llegado ya lo nuevo!"
2 Corintios 5:17 NVI

Aunque Dios me había dicho que entrara en el ministerio cuando era niña y había dedicado mis años de joven adulto a estudiar en el Colegio LABI, mi "carrera" ministerial adulta dio muchos giros inesperados.

En el 2001, el Señor nos llamó a José y a mí a un tiempo de descanso mientras nos colocaba en una crisálida. Llevábamos cuatro años de matrimonio y acabábamos de traer al mundo a nuestra segunda hija, Karissa. Después de que Dios nos llamó a dejar nuestros puestos en Fallbrook, nos encontramos siendo refrescados en una iglesia en Temecula. Era un tiempo en el que podíamos simplemente ir a recibir, descansar, criar a nuestra familia y buscar a Dios para nuestros próximos pasos.

Es interesante saber que Dios ha puesto un llamado al ministerio en tu vida y aún así necesitar descanso. Para los oídos suena como un oxímoron. Parece inimaginable a los ojos y parece confuso a la mente. Para el corazón, puede ser preocupante. Pero para el alma, se siente como los verdes pastos que David escribe en el libro de los Salmos 23.

Estábamos tan agotados y quemados que a menudo llegábamos tarde a la iglesia (¡juego!) y nos íbamos durante la oración final. Cuando se nos pedía que nos uniéramos a los grupos pequeños y a varios eventos de la iglesia, nos negábamos. Incluso una vez nos preguntaron si queríamos aceptar a Jesucristo como nuestro Señor y Salvador.

La mayoría de las veces, me encontré inscrita en un evento para mujeres por obligación, pagando por él, y luego decidiendo no asistir en el último minuto. No me atrevía a pedir un reembolso. Me daba demasiada vergüenza, y eso significaría más conversaciones y la posibilidad de oír hablar del siguiente evento que querría evitar.

A Caitlyn no le gustaba ir a la guardería y, de hecho, disfrutaba del servicio de adultos a los tres años. Incluso se reía de los chistes del pastor. A Karissa no le importaba ir a la guardería, y finalmente sucumbí a la rotación obligatoria de ayudar allí cada 8-10 semanas.

Estábamos contentos con la temporada en la que estábamos. El descanso. La tranquilidad. Entrar sin obligaciones y salir enseguida. Nuestra pequeña familia estaba feliz y contenta tal y como estaban las cosas.

Lo que pasa con el llamado al ministerio es que es un llamado profundo dentro de ti. Es difícil escapar porque es parte de lo que eres tanto como de lo que haces. Después de unos meses, empecé a sentirme incómodo por no servir en la iglesia. Se abrió un puesto para Pastor de Niños, pero Dios dijo que no. Surgió una necesidad para maestros, pero de nuevo, no. Me uní al equipo de alabanza, pero luego se hicieron cambios y obtuve otro no. Cualquier posición de liderazgo siempre resultaba en un no.

Comencé a sentirme sola y necesitaba amigas adultas. Una mujer de la iglesia me invitó a ver los últimos aparatos de cocina, y me obligué a ir sin conocer a nadie. En casa teníamos un solo ingreso y dos bebés en pañales, así que llevé 10 dólares y planeé comprar lo que pudiera por esa cantidad. Estaba allí para conocer gente y hacer amigas, no para comprar. Y funcionó. Poco a poco empecé a hacer más y más amigas, muchas de las cuales todavía tengo hasta hoy.

En 2002, el Señor me despertó con las palabras "Filipenses 3:9". No el versículo real, sólo el texto donde se encontraba. El ministerio para mí había sido orar por las damas en la iglesia y animarlas en nuestras amistades o con cartas. A veces, me paraba en la parte de atrás de la iglesia y el Señor me revelaba por quién debía orar y qué debía decir. Esa noche, cuando el Señor pronunció ese texto bíblico, me levanté y busqué lo que decía:

"Y encontrarme unido a Él. No quiero mi propia justicia que procede de la ley, sino la que se obtiene mediante la fe en Cristo, la justicia que procede de Dios, basada en la fe."
(Filipenses 3:9 NVI)

Oré y le pregunté a Dios para quién era el versículo para poder orar por ellos. El mensaje no estaba claro, así que leí el versículo en su contexto y quedé asombrada por la revelación que el Espíritu Santo me estaba mostrando. A lo largo de mi vida había dependido en ser buena y de hacer siempre lo correcto. Me sentía dependiente del hecho de no tener vicios y de no alejarme de Dios en ningún momento de mi vida. Estaba enfocada en lo que estaba haciendo que me hacía estar bien con Dios en lugar del puro hecho de que mi justicia venía únicamente a través de Jesús. Todo lo que había hecho, aprendido, y había llegado a ser, era realmente nada comparado con el hecho de lo que Jesús había hecho, enseñado, y creado en mí. No importaba que yo conociera a Jesús. Lo que importaba era que Él me conocía a mí.

Yo sabía todo esto, pero no lo entendí hasta esa noche. Todo el celo que tenía por Dios y que afectaba cómo me sentía hacia otros que deberían saber mejor, ese corazón de fariseo que llevaba, fue completamente demolido esa noche cuando me di cuenta de que mis acciones no eran mejores que las de los demás porque eran "correctas". Mi razón en Jesús era a pesar de mis acciones correctas, que en cierto sentido eran incorrectas, porque me había vuelto dependiente de ellas e incluso juzgaba a causa de ellas.

Aquella noche aprendí a dar gracia a los demás y a apreciar sus viajes, siempre y cuando viajaran con Dios. Aprendí a darme gracia a mí mismo porque tenía un estándar para mí que era constantemente mi fuente de frustración y autodesprecio. Aquella noche, salí de mi crisálida de descanso con nuevas revelaciones sobre quién era y quién debía ser, y me encontré completamente cambiada para mejor.

También sentí que el Señor me decía esa noche que era el momento de "un nuevo tipo de ministerio". Habíamos estado luchando por quedarnos embarazados de nuestra tercera hija, y una sensación inminente de fatalidad parecía ensombrecer las Escrituras mientras las leía. Sentí que el Señor me llevaba de un versículo a otro por toda la Biblia.

Me decía cosas como: "Lee hasta aquí, ahora detente. Esto es lo que el versículo significa para ti. Ahora ve a este otro pasaje" y así sucesivamente. Empecé a llorar mientras sentía que el miedo y la ansiedad se formaban en la boca del estómago y en el pecho.

"*Un nuevo tipo de ministerio*" fue lo que Dios le había dicho a Papá justo antes de que enfermara. Cuando esos pensamientos comenzaron a ahogarme, le pedí a Dios que *por favor* mantuviera a mi familia a salvo. Estaba dispuesta a que me hicieran cualquier cosa, pero José y los niños - incluidos los futuros- necesitaban estar a salvo. Le rogué que no dejara que la historia se repitiera; ya había pasado por demasiado. Ni siquiera quería ser yo la que enfermara como lo había hecho de niña, porque sabía por lo que pasarían mis hijos.

Sí, Señor. Si tienes que hacerlo, llévame a mí; pero es una cosa horrible que se repita. Sentí el cálido consuelo del Espíritu Santo derramarse sobre mí mientras Dios me tranquilizaba. Sentí que Él casi me prometía que nunca nos pasaría nada tan dañino como lo que le había sucedido a Papá. Sentí que Él aclaraba que no significaba que no nos pasaría nada -todavía nos enfermaríamos y tendríamos nuestra cuota de luchas- pero que no tendríamos que revivir el tipo de enfermedad que tuvo Papá.

Con esa seguridad, al día siguiente compartí la palabra con José. En unos pocos meses, vendimos nuestra casa con ganancias, José dejó su trabajo para dedicarse un año completo al ministerio -sea lo que sea- y supimos que nuestro tercer bebé estaba sano.

En 2003, después de un año de ministrar sin un trabajo oficial ni un sueldo, le pidieron a José que se convirtiera en pastor ejecutivo de nuestra iglesia. Además, en su trabajo anterior le pidieron que volviera a un puesto más alto, ¡con un aumento de sueldo y beneficios! Yo estaba emocionada de que José estuviera en el ministerio y usando sus dones para servir y honrar a Dios en la iglesia y en su trabajo secular. Estábamos en la cresta de la ola.

En 2004 empecé a sentirme ansiosa porque no estaba "en el ministerio" y me sentía estancada, como si no estuviera haciendo nada. Un rápido viaje de entrada y salida de esta crisálida me mostró que a través de esta temporada de crecimiento y aprendizaje sobre mí misma, era el ministro del grupo de personas más importante de la historia: mi familia. Me enfoque en la educación en casa y en ser la mejor esposa y madre que podía ser. Tuvimos grupos de juego con otros educadores en casa, viajamos por algunos estados por medio del trabajo de José, y educamos en casa en las montañas, el desierto, las playas y el valle. Descubrimos descuentos para educadores en casa en todo el sur de California, perfeccionamos nuestras comidas de Acción de Gracias y disfrutamos de fiestas de pijamas con películas y pizza después de la iglesia los domingos. Me encontré muy feliz y contenta de vivir la vida.

Más tarde, ese mismo año, organicé una mesa para el evento navideño del Ministerios de Damas y me sentí atraída a hacer más cosas con las mujeres de nuestra iglesia. En 2005, Dios me guió a acercarme a la directora del Ministerios de Damas y le hice saber que estaría disponible para ayudar en lo que ella considerara oportuno. Me pidió que hablara en un retiro de mujeres y ¡me encantó! Estaba muy emocionada por empezar a expandir mis alas y quería volar.

Admito que esas mariposas de mi clase de discurso en el LABI volvieron a aparecer, y fui un desastre hasta el momento en que subí a la plataforma. Pero una vez que lo hice, el Espíritu Santo se hizo cargo y fue poderoso. Esa Navidad estaba preparada para organizar una mesa de nuevo y me enteré de que el evento se había cancelado. Me sentí desanimada, y entonces la sensación de no haber hecho algo empezó a aparecer de nuevo.

Estaba realmente feliz en la época en la que me encontraba, había confiado mi futuro a Dios, y sentí una liberación. No entendía por qué volvía el desasosiego. El Señor me mostró un árbol de Navidad con regalos debajo. Me ayudó a ver que había un regalo destinado para mí, en mi tiempo de ministerio, pero que no debía ser abierto hasta que llegara el momento. Podía estar segura de que era mío y que lo abriría algún día, pero todavía no era el momento.

Envié un correo electrónico a la esposa de mi pastor explicándole lo que sentía y le pedí que orara. Me preguntó si podía llamarme esa misma semana. Mientras hablábamos, sentí que me liberaba de la crisálida una vez más. La directora del Ministerios de Damas había renunciado y me ofreció el puesto. Estaba emocionada y tenía muchas ideas y planes. En ese momento sólo tenía 30 años y estaba embarazada de mi cuarto bebé. Algunas mujeres mayores de la iglesia pensaron al principio que era demasiado joven, pero Dios fue fiel y más tarde recibí todo el apoyo de ellas. Encontré en ellas a las guerreras de la oración que aún hoy amo.

Aproximadamente 250 damas estaban bajo mi ministerio, y me encantaba donde estaba. Llevaba a mis hijos conmigo a todas partes. Hasta el día de hoy, son una fuerza ministerial a tener en cuenta. Me encantaban todos los aspectos de los ministerios a mujeres. No me importaba quedarme despierta toda la noche elaborando algo, enviando correos electrónicos o recordando a las mujeres que estaba orando por ellas. Nuestros banquetes del Día de la Madre se convirtieron en el evento principal del año, y nuestros estudios bíblicos ministraban con éxito en siete ciudades diferentes de nuestro valle. Había encontrado mi ritmo entre la educación en casa y el dirigir de las damas. Ministrando a mi lado estaba la junta de liderazgo ideal y las increíbles damas de nuestra iglesia que venían a apoyarnos. Me estaba elevando, ¡y tenía gente hermosa, capaz, dotada e inspiradora conmigo!

2007 fue un año difícil. No sólo falleció repentinamente Papá, sino que me enfrenté a otros desafíos físicos y emocionales. Mi mentor ministerial se mudó a otro estado. Me caí mientras hacía ejercicio: me abrí la barbilla, me rompí el diente frontal por encima de la línea de las encías, y pasé por múltiples cirugías, injertos de hueso e implantes dentales. Todo esto ocurrió en 7 meses. Las deudas financieras por mi caída fueron ridículas.

Mientras me arrastraba de vuelta a la crisálida, acribillado por la agonía en mi corazón, la impotencia en mi alma, el caos en mi mente y el dolor en todo mi cuerpo, estaba derrotada. Había perdido mi identidad como "la hija de Pedro Perez" y también mi esperanza de un final sorprendente para nuestra historia había desaparecido. La única persona que sentía que podía ayudarme a atravesar esto espiritualmente se había mudado a otro estado, y yo había perdido literalmente una parte física de mí.

Mientras las piezas restantes de mi vida yacían fracturadas a mi alrededor, no podía hacer nada más que sentarme en el sofá con mis cuatro bebés, viendo sus programas favoritos, y viviendo la vida absorbida sólo por mis hijos y mi José.

Nada más importaba. Ni mi ministerio. Ni mi salud. Ni la educación en casa.

Nada.

> *"Cuídame como a la niña de Tus ojos; escóndeme,*
> *bajo la sombra de Tus alas."*
> (Salmos 17:8 NVI)

Mientras yo me sentaba adormilada, viendo cómo el mundo seguía su curso . . . Dios estaba trabajando. Y dando forma. Y recreando. Y sanando. Poniendo la trayectoria de mi vida en una dirección diferente a la que yo había soñado, planeado, deseado y esperado.

Creo que esta temporada fue la que más duró. Quizás fue una temporada larga y me tomé mi tiempo para salir. Pero al final salí, bastante insegura de cómo era ahora. Ni siquiera sabía si me gustaba a mí misma, aunque era muy consciente de que las cosas eran más brillantes por fuera.

Mi marido y las personas que me rodeaban fueron mis salvavidas. Permanecieron pacientemente fuera de la crisálida mientras yo estaba dentro y se aseguraron de que nada del exterior perturbara el proceso ni el viaje, y estuvieron a mi lado cuando llegó el momento de volar.

Como mencioné, la Navidad de 2008 fue fundamental en mi vida porque desplegué mis alas y vi cómo los restos de los colores que había absorbido recientemente tomaban su forma. Los hermosos colores que creía que formaban parte de mí y que esperaba conservar ya no me eran necesarios. Los que realmente necesitaba formaban parte de mí permanentemente para quedarse para siempre. El latido de un corazón que antes latía débilmente por sí mismo, ahora latía más fuerte debido a su conciencia de *quién* le permitía latir. Con cada latido divinamente designado, ¡mis alas se hacían más y más fuertes!

En 2010, el ministerio en casa empezó a ser un poco diferente. La escuela concertada a la que asistían los niños me permitía tener algunos días de tiempo libre y sentí un creciente deseo de ministrar más profundamente a nuestras damas. Ya no quería planear eventos donde las damas fueran ministradas por alguien más; yo personalmente quería ser quien las ministrara.

En una cena de la junta directiva, me sentí frustrada mientras decidíamos si el pastel de limón o de chocolate iba mejor con la cena italiana en nuestro retiro de mujeres. Tenía tantas ganas de llorar por el anhelo de mi corazón que me pellizqué el muslo para controlar mis emociones. No podía importarme menos lo que las damas iban a consumir físicamente; me alegraría que un planificador más dotado se encargara de esos detalles del evento mientras yo me enfocaba con lo que alimentaríamos a las mujeres espiritualmente.

Me esforcé a terminar nuestra reunión y cuando llegué a casa le dije a José: "Quiero enfocarme en *ministrar* a nuestras damas, no sólo en planear cosas. Me ha encantado todo lo que hemos estado haciendo hasta este momento, pero ahora siento que Dios no me está llamando a ser una 'planificadora de eventos'. Siento que Él me está guiando para ver vidas cambiadas a través de compartir Su Palabra".

Un miércoles por la noche, después del servicio, estaba orando por una de nuestras damas que había perdido recientemente a su marido y estaba luchando con las decisiones que necesitaba hacer con respecto a su hija. Hablamos y oramos hasta que todos los demás se fueron, excepto nuestro pastor y José. Cuando finalmente salimos de la sala, mi pastor me miró y me dijo que ya había hablado con José. Ambos estuvieron de acuerdo en que era el momento: Necesitaba obtener mis Credenciales de Ministro.

Para mi 35º cumpleaños, me dí el regalo de completar el proceso para recibir mi Licencia de Ministro. No fue fácil. Algunas personas no creían que fuera apropiado que yo, una *mujer*, obtuviera mi licencia. Pero lo único que me importaba era que Dios y los dos hombres que me cubrían espiritualmente creían en mí. Más tarde, ese mismo año, realicé mi primer bautismo y prediqué en varias otras iglesias.

En 2012, por primera vez, Mamá y yo hablamos juntas en nuestro primer evento para mujeres. El tema era "Once Upon A Time" y se centraba en esos momentos en los que nuestros sueños no siempre se hacen realidad, PERO DIOS -el autor y consumador de nuestra fe- siempre nos asegura un *final feliz*. Mamá y yo tejimos nuestros dos testimonios de la fidelidad de Dios a lo largo de esos 32 años que Papá estuvo vivo, compartiendo su perspectiva como esposa y madre y yo mi punto de vista como hija. Nos turnábamos para transmitir cada momento crucial de nuestras vidas, volando dentro de la historia de la otra, revoloteando de una victoria a la siguiente. Compartimos los momentos de aprendizaje y crecimiento, los momentos duros de dificultad y cambio, y la maravilla de elevarse por encima de todo lo que el Señor consideró oportuno.

El momento crucial de casi todos los personajes de la Biblia consistió en renunciar a su propia voluntad, deseos y sueños para seguir el plan perfecto de Dios para sus vidas. Aunque podemos leer sus historias de principio a fin, su viaje tuvo que ser difícil y su destino debió superar sus sueños más descabellados. La gente puede decirte cómo vivir una vida de completa entrega, pero es un regalo raro ver cómo la Palabra de Dios cobra vida con alguien a quien amas y respetas, como lo ha hecho con mi madre. Compartir la plataforma con mi madre fue un momento decisivo en mi vida y un recuerdo que apreciaré para siempre.

A partir de ese mensaje, comencé a anotar información más detallada sobre cada época de la que había hablado. Guardaba notas sencillas de cada capítulo de mi vida, algunas de las cuales compartía cuando predicaba, y otras las guardaba sólo para mí. La gente me decía: "Deberías escribir un libro" y yo sonreía mientras apuntaba más notas a medida que se me ocurrían.

Más tarde, ese mismo año, no sólo fui capaz de organizar una poderosa conferencia de mujeres, sino que también pude reunir a varias oradoras y compartir la plataforma con ellas. Estaba ministrando a mi familia, a las damas de mi iglesia, y en ocasiones a otros grupos fuera de nuestra iglesia.

En una Conferencia Distrital de Mujeres a la que asistimos, una crisálida estaba en el centro del escenario. El primer día de la conferencia, escribimos nuestras peticiones de oración, sueños y luchas. Durante el tiempo de oración se nos indicó que fuéramos a colocar nuestros papeles dentro de un agujero en la parte superior de la crisálida. A la mañana siguiente, para nuestra sorpresa, había una mariposa en su lugar con lo que parecía papel de seda en sus alas. A medida que avanzaba el evento, nos dimos cuenta de que esas cosas que habíamos anotado la noche anterior ahora eran las que decoraban las alas de la mariposa.

Me quedé alucinada. Incorporamos el mensaje de esa crisálida a nuestro propio retiro, un mensaje que impactaría poderosamente mi vida.

José, los niños y yo vivíamos y servíamos fielmente en la iglesia. En ese momento, José estaba en el equipo de enseñanza y los niños estaban involucrados en los programas de la iglesia. Y todos usábamos nuestros talentos para ayudar en los eventos de mujeres.

Y entonces comenzó de nuevo. Ese sentimiento.

Me senté en nuestra reunión de la junta de mujeres y le dije a mi equipo: "No puedo explicar por qué, pero siento que Dios me está colocando en una *crisálida*." Mientras informaba a las damas que estaba siendo colocada en una crisálida, todavía no tenía idea de lo que eso significaba.

Feliz y satisfecha con el lugar donde estábamos sirviendo en el ministerio, le dije a José que tal vez habíamos escuchado mal. Cuando éramos jóvenes y nos sentíamos llamados al ministerio, tal vez pensábamos que se suponía que íbamos a ser pastores principales de una iglesia, pero tal vez tenemos corazones de pastores donde podemos venir al lado de nuestros pastores, ayudar a cuidar tanto como ellos de sus ovejas, y ayudarles a lograr las cosas que Dios había puesto en sus corazones.

"Tal vez seamos *esa* familia fiel en la que los pastores pueden confiar para estar a su lado en el ministerio," le dije a José.

Él no parecía estar de acuerdo con lo que yo había dicho. Desde el instituto bíblico, José siempre había sido bivocacional, es decir, tenía un trabajo a tiempo completo fuera de la iglesia y también ministraba en ella. Su corazón latía por el día en que pudiera comprometerse con el ministerio sin depender de un trabajo secular.

Nuestra iglesia adoptó otra iglesia en Bishop, California, y se le pidió a José que formara parte del equipo de predicación. Viajabamos seis horas los viernes después de su trabajo, pasábamos los sábado explorando la ciudad, ministrabamos el domingo y regresabamos el domingo por la noche. Nos pidieron que consideráramos tomar la iglesia a tiempo completo. Después de mucha oración, discusión y una interesante "señal" del Señor, supimos que no estábamos destinados a quedarnos permanentemente. Continuamos haciendo viajes los fines de semana.

En medio de la noche, en mayo de 2013, tuve un sueño en el que me moría. Estaba poniendo en orden todos nuestros asuntos y le dije a mi prima Marina dónde estaba todo para que mi familia no pasara apuros. En mi sueño, le dije: "Por favor, asegúrate de decirle a mis hijos todos los días que los quiero. Que eran todo lo que siempre había querido y mis regalos de Dios." Y luego le dije: "Ojalá hubiera podido hacer más."

Esto era extraño porque había crecido con amigos que eran hijos de ministros y que dejaron el ministerio o lucharon en la vida porque sus padres habían elegido el ministerio por encima de ellos. Mamá me hacía quedar con mi Nana mientras ella ministraba a los jóvenes o durante las prácticas del coro, y yo resentía que me dejara atrás. Me propuse que mis hijos hicieran el ministerio conmigo y que me acompañaran lo más posible a todos los eventos a los que asistiría. También me aseguré de que la semana anterior a un evento tuviéramos toneladas de diversión. Luego, la semana del evento los niños sabían que debían dejar que mamá se concentrara en el evento y ser útiles en la casa y entre ellos mismos. La misma noche en que terminaba el evento, traía golosinas para los niños y nos recuperábamos juntos viendo películas y divirtiéndonos. Siempre me aseguraba de intercalar una semana de concentración en el ministerio con mucha atención divertida para los niños.

Esta parte de mi sueño no tenía sentido. No me arrepentía de nada, así que ¿por qué iba a decir eso? Me desperté y tomé mi Biblia. El Señor me llevó a Isaías 60. A medida que leía, me di cuenta de que mi "muerte" del sueño era la señal de Dios de que tenía que retirarme de los Ministerios de Damas. Curiosamente, el capítulo incluía hijos e hijas que regresaban a casa, así como otros países que ayudaban a construir el templo de Dios una vez más.

No mucho después de tener ese sueño, otra iglesia pidió a nuestra iglesia de Temecula que los adoptara también. Esta vez la iglesia estaba en Long Beach, California. Se pidió al mismo equipo de predicadores que se turnara. Se le pidió a José que supervisara el equipo y su rotación de predicación. José y los niños habían ido a ver la iglesia. Volvió José entusiasmado por lo hermosa que estaba la iglesia y se sintió inspirado a preguntarle a nuestro pastor si podíamos tomar la iglesia por completo.

Nos convertimos en los Pastores del Campus de la Iglesia CrossRoads, Long Beach el 8 de septiembre de 2013. Viajar desde Menifee significaba un largo viaje por la 91 freeway cada domingo y ocasionalmente durante la semana. Nos levantábamos a las 5 de la mañana para llegar a Long Beach con tiempo suficiente para preparar todo, vestirnos y ministrar cada servicio dominical.

Durante nuestro tiempo allí, no sólo renovamos el edificio de los años 50, sino que también establecimos un equipo completo de adoración, un ministerio de niños, un ministerio de jóvenes y varios alcances. Tuvimos co-pastores increíbles en Paul y Lala Montano, nuestros compañeros de ministerio de Temecula, y construimos un equipo de ministerio increíble que incluía a nuestros propios niños.

Cuando yo era el pastor de los niños en Fallbrook a mediados de la década de 1990, nuestra congregación de habla-español celebraba servicios en un pequeño edificio lateral de la iglesia más grande. Yo trabajaba limpiando el santuario principal y las aulas. La iglesia en sí estaba bastante limpia y no había mucho que hacer. A los 19 años, me preguntaba si alguien se daría cuenta si no limpiaba cada rincón del baño. Oí al Señor decir: *"En lo poco has sido fiel, sobre mucho te pondré"*. Sé fiel con lo poco y te pondré a cargo de más. Aprendí a hacer bien mi trabajo porque Dios mismo era mi jefe supervisando mi trabajo.

En otra ocasión estaba en el santuario y volví a oír: *"Sé fiel con lo poco y te pondré al frente de más."* Miré a mi alrededor los hermosos techos altos, las filas y filas de bancos en la iglesia y las vidrieras. Al mirar el tamaño de todo, nunca pude imaginar lo que Dios quería decir. Nunca había estado en un edificio tan hermoso, y mucho menos había pensado en tener uno propio.

Pero en 2013, mientras me encontraba en Long Beach limpiando años de suciedad de los respaldos de los bancos y mirando filas y filas de bancos de la iglesia que aún me quedaban por limpiar, me dije a mí misma: *¿Vale la pena? ¿Se dará cuenta alguien realmente?* Entonces el Señor me abrió los ojos. Después de 18 años de trabajar fielmente en la casa de Dios - limpiando los baños, cuidando a los niños y a los jóvenes, cantando en el grupo de alabanza, ministrando a las damas, conduciendo horas con la familia para servir, y haciendo todas las cosas como para el Señor que todo lo ve - ahora estaba cuidando lo *"más"* que Él me había prometido. Lloré mientras limpiaba diligentemente esos bancos, los que Dios mismo nos había dado fielmente.

Capítulo Quince

EMERGIENDO

"Alabado sea el Dios y Padre de nuestro Señor Jesucristo, Padre misericordioso y Dios de toda consolación, quien nos consuela en todas nuestras tribulaciones para que, con el mismo consuelo que de Dios hemos recibido, también nosotros podamos consolar a todos los que sufren."
2 Corintios 1:3-4 NVI

En la oscuridad de la crisálida ocurren cosas sorprendentes. Si la oruga no entra en la crisálida, nunca se convertirá en una mariposa. La crisálida es *necesaria*. Aunque sólo por una temporada, resulta ser la más importante para esa oruga. Para el ojo que observa desde fuera, no pasa nada. Todo está quieto. Silencioso. Solitario. Aburrido.

Pero, ¡oh, *los procesos que están ocurriendo en el interior*! Majestuosos. Cambios insondables que nunca se pueden apreciar de antemano, sino sólo después de salir de la oscuridad y la soledad de la crisálida. Nadie puede apreciar el proceso más que quien lo ha vivido.

Es entonces cuando descubrimos la belleza de lo que hemos llegado a ser, y aprendemos cómo estamos destinados a compartir de nosotros mismos y las experiencias con los demás. Cuando permitimos que el proceso sirva a Su propósito, podemos ayudar a otros a ver a Dios en sus propias situaciones.

Quiero volver atrás y decirle a mi *"yo"* más joven lo increíble que pueden ser estos momentos si confiamos en Aquel que teje a nuestro alrededor las mismas cosas que nos ayudan a transformarnos en la creación que Él desea que seamos. Estoy segura de que habría caminado con la cabeza alta más a menudo. Habría evitado crear mecanismos de defensa y, en cambio, se habría abierto más al mundo que le rodeaba. Habría confiado más en la gente. Habría afrontado los conflictos con la cabeza alta sabiendo que Dios la defendería sin preocuparse por complacer a los demás o por lo que pensarían de ella. En lugar de sentir que siempre tenía que tener todo el control porque el mundo que la rodeaba parecía tan caótico a veces, creo que podría haberla ayudado a no sentir que tenía que demostrar nada o a encerrarse en hacer las cosas perfectamente. Pero . . .

> *"El camino de Dios es perfecto; la palabra del Señor es intachable.*
> *Escudo es Dios a los que en Él se refugian."*
> (Salmos 18:30 NVI)

Cada temporada de crecimiento creciente, de lucha intensa y de victoria divina en mi vida se parecía al mismo ciclo de vida de una *oruga* a una *crisálida* a una *mariposa*. Con cada temporada en la que no podía consumir suficiente de la Palabra de Dios, la adoración y el aprendizaje, me estaba preparando para algo nuevo. Cuanto más hambrienta estaba, más rápido iba a crecer y cambiar. Las temporadas más lentas significaban un crecimiento más lento. Aquellos momentos de pruebas y ensayos parecían momentos de *crisálida*, y aprendí que cuanto antes permitiera que el cambio me moldeara y formara, mejor. Cuando las cosas en la vida se elevaban, sabía que era el esplendor de Dios que me veía apto para lograr las cosas que se me habían encomendado y volar.

¿Sabías que después de que una mariposa emerge de la crisálida, hay una *pausa*? La mariposa debe hacer una pausa para dejar que todo su cuerpo que está lleno de líquido llene sus alas y se seque. Antes de la pausa hay una *lucha*. Nadie más que la mariposa puede hacer esa lucha para emerger de la crisálida o, de lo contrario, pueden producirse grandes daños en la mariposa, haciendo imposible el vuelo.

Antes de la lucha está la llamada a *emerger* de la crisálida.

La noche de mi sueño no fue sólo el comienzo de nuestro viaje para convertirnos en pastores principales. Esa noche Dios me dejó claro que debía sacar mis notas de lo que había escrito a lo largo de mi vida, un pequeño huevo de libro, y terminar de escribirlo. Dios me dijo que *emergiera* y me sentara con el enfoque de escribir mi libro, *este libro*. Y así luché con hambre para conseguir terminarlo, recordando y aprendiendo todo lo que podía sobre la mano de Dios a lo largo de mi viaje.

Fue una lucha para poner por escrito todo lo importante de mi vida. Lloré cuando resurgieron los dolores del pasado, me estremecí ante los errores que deseaba no haber cometido, y mientras trabajaba en este libro, el Señor trabajaba en mi corazón. Hubo momentos en los que reflexioné sobre la *mano providencial* de Dios sobre mi vida, Su *soberanía* sobre mi camino, Su *misericordia* sobre mi vida, Su *gracia* sobre mis errores y el latido de Su *corazón* sobre el mío . . . Y lloré un poco más. Terminé el manuscrito, esperando imprimirlo de inmediato, pero el Señor me dio la paz de que Él enviaría a alguien para ayudarme a publicarlo. Así que el libro fue puesto en *pausa* y pude enfocarme en nuestra iglesia en Long Beach.

La iglesia creció increíblemente y nuestros corazones empezaron a aventurarse más y más a hacer de Long Beach nuestro hogar permanente. A veces pasábamos la noche en la iglesia durante el fin de semana o conseguíamos un hotel para poder estar cerca mientras trabajábamos en eventos especiales. Era difícil establecer relaciones con nuestra creciente familia de la iglesia cuando vivíamos tan lejos.

Pensamos que la cantidad que gastábamos en hoteles podía servir para pagar un pequeño estudio. Técnicamente, los seis vivíamos en una habitación de hotel los fines de semana. Si podíamos sobrevivir a eso, ¿por qué no tener nuestra propia casa, aunque fuera pequeña?

Empezamos a buscar y encontramos el lugar perfecto, algo con lo que podíamos trabajar en la parte bonita del distrito artístico de Long Beach. Oramos y nos dirigimos a nuestra iglesia de origen con la perspectiva de mudarnos. Nos dieron el visto bueno con algunos parámetros. Pero en los pocos meses que pasamos tratando de resolver las cosas, ¡el costo de esa unidad de alquiler casi se había duplicado!

Nos habíamos enamorado de la gente de Long Beach, y vimos con gran tristeza cómo la perspectiva de ser pastores principales a tiempo completo se nos escapaba de las manos. Para nuestra consternación, era obvio que no era la voluntad de Dios.

En febrero de 2017, nos despedimos. El llamado de nuestro corazón era ser pastores principales de nuestra propia iglesia. Meses antes, el Señor le había dado a José el esquema de cómo iba a ser nuestra iglesia una vez que fuéramos pastores principales. El Señor incluso le había dado a José el nombre que le pondríamos a nuestra iglesia. Habíamos pensado que esto sucedería en un futuro cercano si continuábamos en el camino en el que estábamos.

Más tarde, ese mismo año, recibí una invitación de última hora a la conferencia de una autora Cristiana de *best-sellers* para la que mi amiga había ganado entradas. Le habíamos pedido hablar en una de *nuestras* conferencias cuando yo era directora del Ministerios de Damas y me sentí obligada a aceptar la invitación. Todavía estaba sanando de tener que dejar nuestra iglesia de Long Beach, así que esperé a un lado mientras mi amiga iba a que la autora firmara un ejemplar de su libro. De repente, mi amiga se dio la vuelta y me hizo un gesto para que me acercara. Me acerqué de mala gana y me presentaron.

"Hola", le dije, "ya nos conocemos. Hablaste en nuestro evento de mujeres en Temecula." Ella recordó su tiempo en nuestra iglesia dando datos sobre nuestro evento que demostraron que no estaba sólo tratando de impresionar. Y luego, con poco control de mi propia voluntad, me oí decir: "Mi familia te ha estado manteniendo en oración y si alguna vez necesitas algo, por favor házmelo saber. Hablo español, sé leer y escribir decentemente, y cualquier cosa que yo no pueda hacer, de seguro que puedo encontrar a alguien."

Para mi sorpresa, me entregó su tarjeta con su número de teléfono personal, me pidió que la llamara, y en pocas semanas me encontré sirviendo en su equipo ministerial. Dios ha permitido que nuestra amistad crezca y ella ha demostrado ser una mentora en todos los aspectos de mi vida y ministerio que aprecio mucho.

Ese mismo año, vendimos nuestra casa en Menifee y establecimos nuestras finanzas para poder estar en la mejor posición posible para donde sea que Dios nos llevara después. Tuvimos la intención de visitar tantas iglesias como pudimos, aprendiendo lo que hacían bien y tomando notas de lo que queríamos incorporar en nuestra próxima iglesia. Le pedimos a Dios que cerrara todas las puertas equivocadas (las puertas abiertas son fáciles de atravesar) y vimos cómo Él cerraba puerta tras puerta.

Encontramos algunos prospectos de iglesias que ya estaban establecidas, pero las puertas que perseguimos fueron sólidamente cerradas por el Señor. Tuvimos conversaciones vacilantes sobre la plantación de iglesias, algo que se nos había pedido durante nuestros años en Long Beach. A José le ofrecieron trabajos lucrativos en otros estados, pero cuando tratamos de atravesar esas puertas en obediencia, también se cerraron.

Nos dimos cuenta de que en 2016, el Señor había hecho que José se detuviera en la autopista, bajo el paso elevado de *Nuevo Road*, que significa "camino nuevo." El Señor estaba preparando a nuestra familia para un *nuevo* camino.

Sabíamos que nuestra próxima iglesia estaría en la misma zona donde vivíamos para poder construir relaciones con nuestra comunidad. Esto hizo una gran diferencia al tomar nuestras decisiones.

"Y, después de que ustedes hayan sufrido un poco de tiempo, Dios mismo, el Dios de toda gracia que los llamó a Su gloria eterna en Cristo, los restaurará y los hará fuertes, firmes y estables."
(1 Pedro 5:10 NVI)

En 2018, nos encontramos de vuelta en Temecula, California. Después de mucha oración, algunas lágrimas, sabios consejos y permiso, abordamos un avión a Ohio para la formación de plantación de iglesias. A nuestro regreso, llegamos con un cuaderno lleno de nuestro plan estratégico. Pasamos el año orando, ayunando, escribiendo, editando y planificando. Finalmente, el 26 de enero de 2019, tuvimos nuestra primera reunión de oración y anunciamos que lanzaríamos *CityWide Mosaic*, Temecula.

Aparentemente enfurecimos al enemigo, ya que una ola de distracciones y ataques se dirigieron hacia nosotros, convirtiéndose en un tsunami que golpeó a nuestra familia con una ola tras otra. Seguimos adelante con lo que fuimos llamados a hacer. Aunque el Señor no eliminó los ataques, nos dio misericordiosamente las palabras *"estate quieto"* cada vez. Nos preparamos para el impacto cobijados en el abrazo de Su crisálida, conscientes de que Él llevaba la peor parte de estos golpes. Fuimos moldeados y formados como guerreros.

En medio de la batalla, me sentí lo más derrotado que había estado desde que decidimos plantar una iglesia; sin embargo, me negué a dejar que eso me mantuviera derribada. Me di cuenta de que todo lo que había aprendido sobre la necesidad de llevar la armadura de Dios era una realidad más que nunca.

En el punto más bajo de esa temporada, Dios me dejó boquiabierto y me sorprendió. Me pidieron que hablara en un campamento. Aunque actualmente se llamaba Girls Ministries Camp, ¡muchos años antes lo había conocido como *Missionettes Camp*!

Hablaría en el *mismo* campamento que había cambiado radicalmente la trayectoria de mi vida. El mismo campamento donde tuve los encuentros más poderosos con Dios, donde recibí mi llamado al ministerio-*este ministerio actual.* ¡Qué honor!

El tema de ese año era "Princesa Guerrera de Dios." Mientras estaba de pie en la plataforma, compartí el mismo mensaje que Dios me había llamado a compartir cuando estaba exactamente en el lugar donde se sentaban esas niñas: *"Tu Papá"*. El Creador del universo las amaba tanto que Jesús vino a morir por sus pecados para que ellas también pudieran tener la victoria en sus batallas como Princesas Guerreras a través del poder y la unción del Espíritu Santo. Así como Él estaba conmigo, Dios era su Abba Padre y sólo Él estaría con ellas para ayudarlas a conquistar todas las cosas.

"Vendrá el enemigo como río, mas el Espíritu de
Jehová levantará bandera contra él.
(Isaías 59:19 RVA)

Abrimos oficialmente las puertas de nuestra iglesia como *CityWide Mosaic* dentro de un bar de baile country el 12 de enero de 2020. Dios estaba salvando vidas, nuestro equipo ministerial estaba creciendo, nuestra iglesia estaba avanzando contra el territorio enemigo, había sanidades y palabras proféticas habladas sobre nosotros y a través de nosotros, y vimos como los niños volvían a casa con sus familias y con el Señor. También vimos como algunos de nuestros propios niños de cuando habíamos sido Pastores de Niños en Fallbrook, ahora adultos ellos mismos con sus propias familias, venían y ministraban junto a nosotros con sus propios dones y llamado aquí mismo en CityWide Mosaic.

Entonces llegó marzo de 2020.

Nuestra carpeta con nuestro plan estratégico para la plantación de iglesias se fue por la puerta mientras nosotros, junto con el resto del mundo, teníamos que averiguar cómo se suponía que debía ser la vida ahora, tanto como familia como ministros. La gracia de Dios nos llevó a seguir adelante, muy conscientes de que Dios estaba en control, guiándonos más allá de lo que podríamos haber imaginado.

Y lo sigue haciendo.

Dios nunca nos promete que la vida será perfecta si somos sus hijos. Nunca nos promete que no tendremos luchas o dolores de cabeza. Él no promete que el 90% de nuestras vidas será feliz y correcta, y sólo el 10% será difícil.

*"Hace salir Su sol sobre malos y buenos, y que
hace llover sobre justos e injustos."*
(Mateo 5:45 NVI)

Dios promete que no importa lo que ocurra en nuestra vida, bueno o malo, correcto o incorrecto, seremos sostenidos. Él nos sostendrá en la palma de Sus manos.

*"Grabada te llevo en las palmas de Mis manos;
tus muros siempre los tengo presentes."*
(Isaías 49:16 NVI)

A lo largo de las etapas de mi vida, he tenido momentos bajos en los que me arrastraba y apenas lo lograba, así como temporadas en las que tenía tanta hambre de Dios y crecía tanto como la pequeña *oruga*. Luego hubo temporadas en las que Él me colocaba en Su *crisálida* para emerger en alguien nuevo, alguien más a Su semejanza, *Su Imago Dei*, y a volar sólo para que todo el proceso se repitiera una y otra vez. Todavía no lo domino, pero me resulta más fácil reconocer cada etapa en mi propia vida y en la de los demás.

La vida puede ser dura. La mayoría de los que leen esto ya lo saben. No siempre conseguimos lo que queremos. La vida nos hace daño, y a veces hacemos daño a los demás. No importa lo que pase en la vida, Dios nos *ama*. Quiero que entiendan que una vida con Dios es la mejor vida de todas porque sólo Él nos ayuda a sobrevivir a las diversas estaciones por las que pasaremos.

Mi deseo al escribir este libro es animarte a ver el amor de Dios por ti en *cada* estación. Él es soberano y omnisciente, y por eso puedes confiar en Él. Cada etapa conlleva altibajos. Los riesgos, las responsabilidades y las recompensas ocurren para llevarnos de gloria en gloria, moldeándonos cada vez más a Su semejanza y a la *Imago Dei*. Encontrar a Dios en cada estación es experimentar la mayor metamorfosis espiritual que uno pueda imaginar. A lo largo del viaje, tenemos el privilegio, la responsabilidad y el honor de revelar a Dios a todos quienes nos rodean.

"Todo esto proviene de Dios, quien por medio de Cristo nos reconcilió consigo mismo y nos dio el ministerio de la reconciliación: esto es, que en Cristo, Dios estaba reconciliando al mundo consigo mismo, no tomándole en cuenta sus pecados y encargándonos a nosotros el mensaje de la reconciliación. Así que somos embajadores de Cristo, como si Dios los exhortara a ustedes por medio de nosotros: En nombre de Cristo les rogamos que se reconcilien con Dios. Al que no cometió pecado alguno, por nosotros Dios lo trató como pecador, para que en Él recibiéramos la justicia de Dios."
(2 Corintios 5:18-21 NVI)

Lo más importante es que, si aún no tienes una relación con nuestro bondadoso y amoroso Dios que nos transforma en Su crisálida, quiero asegurarme de que entiendes que Dios envió a Su hijo Jesucristo para morir por tus pecados. Si alguna vez has mentido, has mirado a alguien de forma inapropiada, has dejado que tu ira se apodere de ti, o has negado el amor a alguien . . . has pecado.

Merecemos ser castigados por nuestros pecados; merecemos morir por nuestros pecados. Pero Dios -en Su misericordia y amor- vino en forma de hombre y murió por nuestros pecados para que nosotros no tuviéramos que hacerlo. Eso es mucho más de lo que merecemos.

Simplemente admite que has pecado y pon tu fe en Jesús como Salvador para estar bien con Él. Él te dará la bienvenida a una relación con Él. Él es tu Abba Padre que cuida de ti y te ama. No hay mejor lugar para estar que en la presencia de Dios, permitiendo que Él llene cada parte de tu vida. Deja que Él cubra esas cosas que dan vuelta en tu cabeza, que hacen que tu corazón lata a un ritmo más rápido, que hacen que tu alma grite. Encontrarás que en Su presencia hay plenitud de gozo y que Su amor te rodea y llena por completo.

Que crezcas en la conciencia de que, independientemente de la temporada en la que te encuentres, estás *en Su crisálida*, y Él te está tejiendo más y más a Su imagen cuidadosamente y con amor. ¡No hay mejor lugar para estar!

EPÍLOGO

Al completar este libro, no puedo evitar pensar en el viaje que he hecho. Escribí diferentes capítulos en distintas épocas de mi vida, y el libro empezó a tomar forma en 2012, cuando sentí la urgencia del Señor de terminarlo. Diez años después, estoy a la mitad de los cuarenta y me encuentro tambaleando entre mi vida que fue y la que se acerca. Si soy transparente, estoy nerviosa por lo que me espera el mañana, confianda en Aquel que escribe mi historia.

Es el año 2022 en el momento de la edición. *José* y yo celebramos nuestro 25 aniversario en mayo. *Mamá* se casó con el Reverendo Alex Najar y ahora está disfrutando de viajar por el mundo. Ella sigue ministrando en la iglesia y continuamente le piden que comparta su testimonio.

Mi hijo *Joseph*, está a días de comenzar su último año de escuela secundaria y está orando sobre dónde asistirá a la universidad.

Joscelyn está trabajando actualmente en sus Credenciales de Ministro para ser Pastor de Niños y ha demostrado ser muy activa en muchos niveles de CityWide Mosaic.

Karissa está trabajando en un estudio de arte, planificando su próximo viaje, y comenzando una nueva aventura como Líder de Ministerios Juveniles en CityWide Mosaic. Los diseños y las obras de arte para este libro y las próximas publicaciones son de ella. Karissa tuvo en cuenta que cada pieza tiene su propio simbolismo a lo largo de mi vida. ¡Estudia cuidadosamente el diseño del libro para ver si puedes encontrarlos!

Caitlyn se ha casado con Salvador David Santillán y ambos están sirviendo fielmente al Señor en su iglesia. Tienen su propio negocio de fotografía (nota la foto detrás de este libro) . . . ¡y estamos esperando nuestro *primer* nieto en enero de 2023! El día que nos enteramos del bebé de Caitlyn, Mamá y yo nos quedamos llorando abrazadas. Recordamos cuando éramos sólo nosotras dos las que nos enfrentábamos a un futuro desconocido y estábamos en pura adoración y gratitud por la fidelidad de Dios una vez más.

He pedido que mis nietos me llamen *Nana*, un nombre que tengo en la más alta estima, con plena comprensión del privilegio que supone este papel. Recogí su batuta cuando mi Nana se fue al cielo para estar con Jesús. Ella estaba allí para recibir a Papá y Tata cuando llegaron.

Esta historia es un legado que se me confió, y ahora lo paso a las siguientes generaciones. Me sitúo en el centro, mirando hacia atrás, hacia Papá, Mamá y mis abuelos, y mirando hacia adelante, hacia mis hijos y los hijos de sus hijos. Es un honor surrealista concluir la escritura de este libro, transmitiendo mi propio conocimiento personal de quién es Dios a los que aún están por venir. Estoy más que emocionada de alimentar la Palabra de Dios en esas preciosas vidas, animarlos en sus propios tiempos dentro de *Su Crisálida*, y verlos elevarse mientras Abba Padre los levanta para que ellos también puedan *¡volar!*

DESDE AHORA HASTA LOS QUE VENGAN . . .

"Por tanto, guárdate y guarda tu alma con diligencia, para que no te olvides de las cosas que tus ojos han visto ni se aparten de tu corazón todos los días de tu vida; antes bien, las enseñarás a tus hijos y a los hijos de tus hijos."
Deuteronomio 4:9 RVR

www.JudyPerezVelazquez.com